»Lesen ist immer gefährlich, weil es klüger macht. Männer haben mit klugen Frauen oft Probleme. Das darf uns nicht abschrecken! Und wir sind viele. Das zeigt diese Bildersammlung.« *Elke Heidenreich*

Frauen, denen der Zugang zu Bibliotheken und Büchern lange Zeit verwehrt blieb, wurden mit jedem Buch, das sie lasen, gefährlicher, weil sie weiser und wissender wurden und die Beschränkungen ihrer Welt zu hinterfragen begannen ... Stefan Bollmann setzt sie fort, seine Geschichte des weiblichen Lesens in Bildern – und nimmt uns mit auf einen Spaziergang zu den schönsten Gemälden und Fotografien lesender Frauen, zu Lebenskünstlerinnen, Müßiggängerinnen, Verführerinnen, Vorleserinnen und vielen anderen gefährlich klugen Frauen, die Malerinnen und Maler wie Gwen John, Diego Velázquez, Sir John Lavery, Gustave Caillebotte, Edward Hopper u. v. a. ins Bild gesetzt haben.

Stefan Bollmann, geboren 1958, studierte Germanistik, Theaterwissenschaften, Geschichte und Philosophie und promovierte mit einer Arbeit über Thomas Mann. Er arbeitet als Lektor, Autor und Herausgeber zahlreicher Bücher in München. Im Elisabeth Sandmann Verlag erschienen seine Bestseller *Frauen, die lesen, sind gefährlich* (2005), *Frauen, die schreiben, leben gefährlich* (2006), *Frauen, die lesen, sind gefährlich und klug* (2010) und *Frauen, die denken, sind gefährlich* (2012). 2013 erschienen *Warum lesen glücklich macht* und *Frauen, die lesen, sind gefährlich*, 2014 *Frauen, die schreiben, leben gefährlich* im insel taschenbuch.

insel taschenbuch 4328
Stefan Bollmann
Frauen, die lesen, sind gefährlich und klug

Der 2010 im Elisabeth Sandmann Verlag erschienene Originalband wurde für die Taschenbuchausgabe um einige Porträts gekürzt.

Erste Auflage 2014
insel taschenbuch 4328
Insel Verlag Berlin 2014

© 2010, Elisabeth Sandmann Verlag GmbH, München
Alle Rechte vorbehalten, insbesondere das der Übersetzung, des öffentlichen Vortrags sowie der Übertragung durch Rundfunk und Fernsehen, auch einzelner Teile.
Kein Teil des Werkes darf in irgendeiner Form (durch Fotografie, Mikrofilm oder andere Verfahren) ohne schriftliche Genehmigung des Verlages reproduziert oder unter Verwendung elektronischer Systeme verarbeitet, vervielfältigt oder verbreitet werden.
Vertrieb durch den Suhrkamp Taschenbuch Verlag

Umschlag, Innenseiten und Satz:
Pauline Schimmelpenninck Büro für Gestaltung, Berlin
Druck: *CPI – Ebner & Spiegel, Ulm*

Printed in Germany   ISBN 978-3-458-36028-5

Stefan Bollmann

Frauen, die lesen, sind gefährlich und klug

Insel Verlag

Inhalt

Vorwort von
Stefan Bollmann
11

I *Lesen befreit*
Philosophinnen, Wissenschaftlerinnen,
Leserinnen verbotener Bücher
30

II *Liebes Buch, mach mich fromm*
Heilige, Sünderinnen, bibelfeste Leserinnen
46

III *Die Stunde der Frauenzimmer*
Müßiggängerinnen, Genießerinnen,
einsame Leserinnen
62

IV *Der Purpurpalast der süßen Sünde*
Verführte und Verführerinnen, gefährliche Leserinnen
79

V *Professionelle Leserinnen*
Vorleserinnen, Lehrerinnen, Künstlerinnen
95

VI *Leserinnen im Aufbruch*
Reisende, Lebenskünstlerinnen, moderne Leserinnen
109

Literatur 126

Register 127

Bildnachweis 128

»Wer zu lesen versteht,
  sieht doppelt gut.«

Menander (4. Jahrhundert v. Chr.)

Sir John Lavery (1856–1941), *Miss Auras (Das rote Buch)*, undatiert
Privatsammlung

Stefan Bollmann

Frauen, die lesen, sind gefährlich und klug

Auf meinen regelmäßigen Streifzügen durch die Bildersäle der Museen, unternommen an verregneten Samstagnachmittagen oder als willkommene Pausenfüller auf Dienstreisen, stieß ich eines Tages in der Münchener Alten Pinakothek auf ein Gemälde des in Brügge gebürtigen Pieter Janssens Elinga. Über den Maler wusste ich nur, dass er der Schöpfer sogenannter Perspektivkästen war, die sich im Holland des 17. Jahrhunderts großer Beliebtheit erfreuten. Dabei handelt es sich um eine Art Guckkästen, die dem Betrachter die Illusion vermitteln, in das Innere einer Wohnung zu schauen und dabei etwa mehrere hintereinanderliegende, durch offen stehende Türen verbundene Zimmer samt deren Bewohnern und Inventar wahrzunehmen.

Das Gemälde, das meine Aufmerksamkeit erregte, war hingegen ein simples Tafelbild, über die Jahrhunderte ein wenig nachgedunkelt, und auf den ersten Blick alles andere als spektakulär. Aber auch dieses Bild lud dazu ein, das dargestellte Zimmer mit den Augen zu durchstreifen. Alles schien wohlgeordnet, von Licht erfüllt, behaglich. Den Blickfang bildete eine lesende Frau, die dem Betrachter den Rücken kehrte. Und nicht nur dem Betrachter, sondern der Welt insgesamt.

Sie saß auf einem Stuhl, der ausdrücklich zum Lesen unter die hohen Fenster gestellt worden war. Die untere Hälfte der Fenster war abgedunkelt, sodass man weder hinaus- noch von draußen ins Zimmer hineinsehen und so etwa die Leserin bei ihrem Tun beobachten konnte. Es handelte sich wohl um die Hausfrau, vielleicht sogar um das Dienstmädchen. Mehrere Details des Bildes wiesen zudem darauf hin, dass sie sich beinahe atemlos, unter Vernachlässigung ihrer Pflichten zum Lesen hingesetzt hatte – als wollte sie die Abwesenheit ihrer Herrin oder ihres Mannes für ein geheimes Lesestündchen nutzen. Elinga hatte das Bild mit so viel Lust am Konkreten gemalt, dass sogar der Titel des aufgeschlagenen Buches zu erkennen war. Es war ein Roman, mit einem für heutige Gepflogenheiten unsäglich langen Titel: *Die schöne Historie von dem Ritter Malegis, der das Ross Baiart gewann, und viel wunderbare und abenteuerliche Geschichten betrieb*. Wie ich später herausfand, handelte es sich um die Umdichtung eines mittelalterlichen Heldenepos; das Buch zählte zu den damals besonders beliebten Ritterromanen.

Lesende Frauen waren ein mir durchaus bekanntes Sujet der Malerei, doch hatte ich ihm bis dahin keine besondere Aufmerksamkeit geschenkt. Gewiss, Maria las, Maria Magdalena ebenfalls, und auch andere zentrale Frauenfiguren des Christentums wurden häufig mit einem Buch dargestellt. Doch war das Buch in diesem Zusammenhang wohl eher als Symbol gemeint: Die Maler hatten die Frauen damit gewissermaßen ausgerüstet, um auf ihren Stand und ihre Funktion im christlichen Heilsplan hinzudeuten. Diese symbolische Funktion des Buches blieb auch dann noch bestehen, als die Malerei in Renaissance und Barock sich stärker weltlichen Belangen zuwandte. Etwa in dem Porträt der Dichterin Laura Battiferri des Manieristen Agnolo Bronzino aus der Mitte des 16. Jahrhunderts. Auf diesem faszinierenden Bildnis hält die Dichterin in ihren ungewöhnlich schmalen und feingliedrigen Händen eine Ausgabe von Petrarcas zweihundert Jahre zuvor entstandenen *Sonetten an Laura*. Die Dichterin wird so in die petrarkistische Dichtungstradition eingereiht, und Petrarcas Sonette werden als stilbildendes Muster bestätigt. Fast zur gleichen Zeit malte Sofonisba Anguissola, eine weibliche Ausnahmeerscheinung unter den Malern der Renaissance, im Alter von nicht einmal zwanzig Jahren ein Selbstporträt. Auch hier vermittelt ein aufgeschlagenes Buch dem Betrachter eine klare Botschaft: Dies ist das Werk einer humanistisch gebildeten Künstlerin, der nachzueifern dir gut ansteht.

Von Elingas lesender Hausfrau auf die Spur gesetzt, entdeckte ich zunehmend mehr lesende Frauen auf den Gemälden aller Epochen – nicht nur Frauen mit Buch, sondern »echte« Leserinnen in unserem heutigen Verständnis, die von ihrer Lektüre gefesselt sind. Einen ersten Höhepunkt erreichte ihre Darstellung in den Interieurs der holländischen Malerei des 17. Jahrhunderts. Nicht nur bei Elinga, sondern bei weitaus bedeutenderen Malern wie Jan Vermeer, Dirck Hals, Jan Steen oder Gerard ter Borch finden sich Buch- und insbesondere Briefleserinnen in großer Zahl. Am bekanntesten dürfte Vermeers *Briefleserin in Blau* sein, die – wohl schwanger – einen Brief ihres in der Ferne weilenden Gatten entziffert und dabei dessen Inhalt halblaut vor sich hin murmelt. Wir können davon ausgehen, dass seit dem 16. Jahrhundert viele holländische Frauen lesen und schreiben konnten, jedenfalls mehr und besser als anderswo in Europa.

Mit dem 18. Jahrhundert, der Epoche der Aufklärung, nahm nicht nur die Zahl der Darstellungen lesender Frauen zu, es erweiterte sich ebenso das Spektrum der beim Lesen eingenommenen Haltungen: Die Frauen lasen nun nicht mehr ausschließlich im Stehen und Sitzen, sondern auch halb liegend. In dieser Position stellte beispielsweise François Boucher die Marquise de Pompadour, die aus bürgerlichen Verhältnissen stammende Mätresse Ludwigs XV., auf ihren eigenen Wunsch hin dar. In einem Buch lesend, erwartet sie in ihrem Boudoir den König: Die gebildete Aufsteigerin vertreibt sich die Zeit mit Lektüre. Die Selbstsicherheit, die sie ausstrahlt, resultiert aus dem Wissen, dass sie beides zu bieten hat: Schönheit und Klugheit.

Was lesen gemalte Leserinnen?

Im 19. Jahrhundert dann schienen alle Dämme zu brechen: Ungezählt nun die Bildnisse lesender Frauen, die meisten allein mit einem Buch, das nun nichts anderes mehr symbolisiert als den anscheinend grenzenlosen weiblichen Appetit auf Lesestoff. Gelesen wird bei Tag und bei Nacht, am offenen Fenster sitzend und beim Schein einer Petroleumlampe, im Bett auf dem Bauch liegend oder auf einer Parkbank sitzend. Die Maler zeigen die Leserinnen in Vorder- und Seitenansicht, im Halbprofil oder in Dreiviertelansicht, gebannt von der Lektüre oder vom Lesen gerade aufblickend, im Ballkleid, im Sommerrock, im Spitzenmieder oder gar nackt, allein oder paarweise, zuweilen auch in Gruppen.

War auf den Bildern des Mittelalters und der frühen Neuzeit quantitativ der männliche Leser noch stärker als der weibliche vertreten, so begann sich dieses Verhältnis seit dem goldenen Zeitalter der holländischen Malerei umzukehren: Immer mehr Frauen lesen, scheinen uns die Bilder zu sagen, und immer mehr Frauen ziehen das Lesen anderen, konventionelleren weiblichen Freizeitbeschäftigungen vor wie etwa der Handarbeit, dem Musizieren oder der naheliegendsten, möglicherweise aber auch aufreibendsten aller »Tätigkeiten«

Pieter Janssens Elinga (1623–1682), *Lesende Frau*, 1668/70
München, Alte Pinakothek

auf Bildern: der, zu repräsentieren oder einfach nur perfekt auszusehen und eine gute Figur zu machen.

Fragt man sich, wie es zu dieser immer rascher fortschreitenden Ausbreitung gemalter Leserinnen kam, so fällt einem als Erstes womöglich eine ganz banale Erklärung ein: In den Stunden, wenn nicht Tagen, die sie den Malern Modell saßen, mussten sich die Frauen zwangsläufig mit etwas beschäftigen, das sie einerseits nicht so schnell langweilte, andererseits aber auch möglichst regungslos verharren ließ. Hier bot sich das Lesen an, zudem bedeutete die Darstellung einer Lesenden die größere künstlerische Herausforderung, da es hier darauf ankommt, die innere, seelische Bewegtheit an äußerlich sichtbaren Merkmalen wie etwa dem Blick, dem Mienenspiel, der Körperhaltung oder der Position der Hände hervortreten zu lassen. Der österreichische Maler Franz Eybl wählte im 19. Jahrhundert eine besonders elegante Lösung, indem er die innere, äußerlich nicht sichtbare Erregung der Leserin sich in der Bewegtheit des Buchschnitts spiegeln ließ; die Buchseiten scheinen förmlich im Licht zu vibrieren.

Doch diese an und für sich nicht falsche Beobachtung hinsichtlich der Vorteile des lesenden Modells erklärt natürlich noch nicht die auffällige Zunahme der Leserinnen auf Gemälden seit dem 17. bzw. 18. Jahrhundert. Einer Antwort kommt man näher, stellt man die Frage, was die Frauen denn auf den Bildern eigentlich lesen.

Anfangs handelte es sich, wenn nicht um die Bibel, dann um sogenannte Stundenbücher. Auf bildlichen Darstellungen der Verkündigung an Maria wird diese von der Erscheinung des Engels häufig in ihrer Lektüre eines Stundenbuchs unterbrochen. Diese privaten Andachtsbücher enthielten Gebete für den Tagesablauf und erfreuten sich im Spätmittelalter in Adelskreisen hoher Wertschätzung, sie besaßen Statuscharakter. Aufs Lesen haben sich damals neben dem Klerus wohl hauptsächlich die Frauen verstanden; die Männer des Laienstandes beherrschen es nur in Ausnahmefällen.

Zu den Andachtsbüchern kam im 17. Jahrhundert dann der Brief als bevorzugtes Objekt weiblicher Lektüre hinzu. Das blieb auch während des 18. Jahrhunderts so. Die Malerin Marguerite Gérard, eine Schülerin Fragonards, schuf unmittelbar vor der Französischen Revolution eine besonders schöne Szene, die einem der damals stark verbreiteten Briefromane entnommen sein könnte – eine aus Schreck über einen Brief in Ohnmacht gefallene junge Frau, während ihre Freundin ihr mit einem Riechfläschchen zu Hilfe kommt.

Im Laufe des 18. Jahrhunderts allerdings wurden auf den Bildnissen von Leserinnen die Briefe, wie zuvor schon die religiösen oder belehrenden Bücher, zunehmend von einem neuen Lesestoff an den Rand gedrängt, der damals seinen ersten großen Auftritt hatte: dem Roman. Nicht dass es vorher keine fiktiven Geschichten gegeben hätte, die das gesamte Leben eines Menschen umfassten. Das zeigt ja schon der Ritterroman, den die Hausfrau auf Elingas Bild aus dem 17. Jahrhundert verschlingt. Aber die in Frankreich seit der *Prinzessin von Clèves*, in England seit *Pamela* und in Deutschland seit den *Leiden des jungen Werthers* entstehenden Romane waren doch von etwas anderem Kaliber als ihre Vorgänger, die griechischen und mittelalterlichen Romane. Zuerst war da ihr offensichtlicher Realismus, der sich in einem Menschenbild zeigte, das sehr viel weniger schmeichelhaft war als das ihrer Vorgänger. Im Kern verdankt sich der Aufstieg des modernen Romans im 18. Jahrhundert einem Bruch mit der Tradition. Zuvor hatten die Autoren ihren Stoff der Mythologie, Religion, Sage oder älterer Literatur entnommen; die Autorität der Überlieferung hatte für den Wahrheitsgehalt

des Erzählten gebürgt. Genau dieses Dogma wurde jetzt verworfen. Nicht die Überlieferung der Vergangenheit, sondern die individuelle Erfahrung war der neue Weg zur Wahrheit – kein Königsweg, sondern der Weg des einzelnen Menschen in all seinen Widersprüchen. Der Roman vergegenwärtigt und

Franz Eybl (1806–1880), *Lesendes Mädchen,* 1850
Wien, Österreichische Galerie im Belvedere

prüft das Leben; ob diese Prüfung jedoch stichhaltig ist, muss wiederum ein Individuum beurteilen: der Leser, der in dieser Hinsicht zum gleichrangigen Partner des Autors wird. Der Philosoph Jean-Paul Sartre hat diesbezüglich sehr schön von einem »Pakt der Großherzigkeit zwischen Autor und Leser« gesprochen.

Schriftstellerinnen und ihre Leserinnen

Dieser Leser, der Leser von Romanen, war von Beginn an zumeist eine Leserin. Und so ist es bis heute geblieben. Das Lesepublikum des 18. Jahrhunderts, dem sich der Aufstieg des modernen Romans verdankt, setzte sich vornehmlich aus Frauen zusammen. In England hat der Dichter, Politiker und Journalist Joseph Addison diese Tendenz frühzeitig registriert, und in den anderen europäischen Ländern an der Schwelle zur Aufklärung und zur Industrialisierung hat es sich nicht anders verhalten. Bereits 1713 schrieb Addison im Guardian: »Es gibt eine Reihe von Gründen, warum die schönen Wissenschaften [gemeint sind die »belles lettres«, von denen sich unser Begriff »Belletristik« herleitet] mehr der weiblichen als der männlichen Welt entsprechen. In erster Linie deshalb, weil die Frauen mehr freie Zeit zur Verfügung und eine mehr sitzende Lebensweise haben ... Und dann gibt es noch den weiteren Grund, warum besonders vornehme Frauen sich der Literatur widmen: den nämlich, dass ihren Ehemännern diese im allgemeinen fremd ist.« Man staunt, wie wenig sich in den letzten dreihundert Jahren daran geändert hat. Verleger und Buchhändler wissen und Statistiken belegen es: Die Belletristik ist eine weibliche Domäne; rund zwei Drittel aller Romanleser sind Frauen.

Die besagte weibliche Dominanz gilt jedoch keineswegs nur für die Leser, sondern auch für deren Partner, die Romanautoren. Bereits im 18. Jahrhundert wurde die Mehrzahl der publizierten Romane von Frauen geschrieben. Dass sich dieser Umstand in unseren Literaturgeschichten weitgehend nicht widerspiegelt, hat wohl nicht nur mit unserem männlichen Blick zu tun. Ein Phänomen wie Jane Austen etwa, die zurückgezogen außerhalb Londons in der Provinz lebte und ihre Romane zeitlebens anonym veröffentlichte, zeigt, dass auch die Werke von Frauen Aufnahme in den literarischen Kanon finden konnten. War es also eine Frage der Qualität, hat es den belletristischen Produkten von Frauen in der Vergangenheit oftmals an literarischem Können (und vielleicht auch Wollen) gefehlt? Schrieben sie vor allem für ihresgleichen – böse gesagt: Dienstmädchenliteratur?

Die beste Antwort auf diese Frage dürfte noch immer Virginia Woolf gegeben haben. Sie führte die Frage der Qualität auf die der Lebenserfahrung zurück, hinsichtlich derer die Frauen, zumeist an Haus und Familie gebunden, den Männern in der Tat lange Zeit nachstanden. Eine Frau, gekettet an das Haus eines ehrbaren Geistlichen oder Schulmeisters, mochte unter Umständen wohl gute Literatur schreiben; das Bild von Leben und Welt, das sie schuf, und die Kriterien, mit denen sie es beurteilte, blieben in der Regel eher provinziell. Für eine Kunstform, die wie der Roman in so entscheidender Weise auf die individuelle Erfahrung ihres Urhebers bzw. ihrer Urheberin angewiesen ist, ist dies ein Nachteil, den auch die lebhafteste Einbildungskraft kaum wettzumachen vermag. Um welthaltige und weltoffene Literatur zu schreiben, vor allem aber um ein weltzugewandtes Leben führen zu können, hat Virginia Woolf die Frauen ihrer Generation deshalb dazu aufgefordert, ihr eigenes Geld zu verdienen und sich ein eigenes Zimmer zu nehmen. Diese Aufforderung meine nichts anderes, so schrieb sie, als »in Gegenwart der Wirklichkeit zu leben«. Die Entwicklung der letzten Jahrzehnte zeigt, wie recht sie hatte. Hinsichtlich Qualität können die Autorinnen ihren männlichen Kollegen inzwischen längst das Wasser reichen. Ein Indiz dafür ist, dass drei von den letzten sechs Literaturnobelpreisträgern Frauen waren.

Der amerikanische Schriftsteller Henry James war einer der ersten Schriftsteller, die das außerordentlich starke Hervortreten des Romans in der modernen Zivilisation mit dem »außerordentlich starken Hervortreten der Haltung der Frau« in Verbindung gebracht haben. In seiner vorsichtigen und behutsamen Art schrieb er: »Frauen sind feinfühlige und geduldige Beobachter; man könnte sagen, sie führten ihre Nase ganz dicht an das Gewebe des Lebens heran. Das Wirkliche wird von ihnen mit einer Art von persönlichem Takt gefühlt und wahrgenommen, und ihre Beobachtungen sind in tausend entzückenden Büchern festgehalten.«

Selbstverständlich ist vieles von dem, was Frauen an Takt, Sensibilität und Einfühlungsvermögen zugeschrieben wird, ein Ergebnis geschlechtsspezifischer Erziehung. Dennoch muss die Frage gestattet sein, woher dieses Talent und Interesse von Frauen für den Aufbau und die Pflege von Beziehungen, verbunden mit einem Gespür für die Besonderheit von Situationen sowie die Stärken und Schwächen ihres Gegenübers kommen. Denn trotz aller enormen Fortschritte der Emanzipation der Frauen in den letzten zweihundert Jahren hat es sich nämlich keineswegs verloren, im Gegenteil: Zusammengefasst in dem Komplex der *Soft Skills*, ist in unserer Kommunikations- und Dienstleistungsgesellschaft daraus mittlerweile sogar eine wesentliche Voraussetzung für berufliches Fortkommen geworden, die häufig nicht geringer geschätzt wird als sachliche Qualifikation – wo sie nicht schon als wichtigste sachliche Qualifikation gilt.

Frauen lieben Romane

Ich möchte mich hier nicht an dem Streit beteiligen, ob es sich dabei um eine angeborene Disposition handelt, wie etwa der Neurowissenschaftler Simon Baron-Cohen behauptet. Für ihn ist klar, dass es ein männliches und ein weibliches Gehirn gibt. Während das männliche Gehirn überwiegend auf das Begreifen und den Aufbau von Systemen ausgerichtet ist, ist das weibliche Gehirn besonders gut darin, die Gefühle und Gedanken eines anderen Menschen zu erkennen und darauf angemessen zu reagieren – also in dem, was wir in dem Begriff Empathie bzw. Einfühlungsvermögen zusammenfassen. Stattdessen wage ich folgende These: Ein Mensch, der zwischen seinem zwölften und seinem siebenundzwanzigsten Lebensjahr, dem durchschnittlichen Berufseintrittsalter in Deutschland, annähernd zweihundert Romane liest (im Mittel einen pro Monat), hat ein anderes Gehirn als einer, der in diesem für die Entwicklung des Charakters entscheidenden Zeitraum sein Einfühlungsvermögen nicht in dieser Weise trainiert und etwa nur Faktenwissen aufnimmt. Romane sind Parallelwirklichkeiten; sich in ihnen zurechtzufinden und die sie bevölkernden Personen auf ihrem Weg durch die Zeit zu begleiten, schult gleichwohl Fertigkeiten, die auch im »wirklichen« Leben wesentlich sind, so etwa die Fähigkeit, die Zustände und Einstellungen anderer Menschen und nicht zuletzt der eigenen Person analysieren und beurteilen zu können. Die Einfühlung in eine fiktive und gleichwohl der eigenen durchaus ähnliche Welt samt den dort agierenden Figuren gehört zu den Basisleistungen, die einem Romanleser abverlangt werden. Der Einbildungskraft des Autors korrespondiert das Einfühlungsvermögen des Lesers. Lesend wechseln wir in ein anderes Bewusstsein und dessen Welt hinüber und erweitern auf

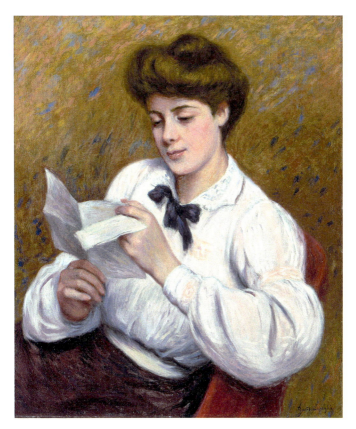

diesem Wege unser eigenes Bewusstsein. So ist der Roman eine höhere Schule der Menschenkenntnis.

Trendforscher sprechen seit einiger Zeit von einem *female shift* und berufen sich darauf, dass insbesondere in der höheren Bildung die Frauen mittlerweile den Männern weltweit den Rang ablaufen. Der Tag, an dem sie an den Männern auch

---

Federico Zandomeneghi (1841–1917), *Die Briefleserin*, undatiert
Christie's Images

beruflich vorbeiziehen werden, scheint jedenfalls nicht mehr fern zu sein. Es gibt darüber bislang keine Untersuchungen, und doch scheint mir der Zusammenhang dieses Wandels mit der seit drei Jahrhunderten grassierenden weiblichen Leselust offensichtlich zu sein. Um es pointiert zu sagen: Die von den Männern verschmähte und als Zeitverschwendung gebrandmarkte Lektüre von Romanen beginnt sich für die Frauen allmählich auszuzahlen. Jahrhundertelang wurden sie in ihrer Lesesucht gemaßregelt: Ihre Lektürepraxis wurde als wahllos, unordentlich, als Vernachlässigung zuerst der innerhäuslichen, dann der außerhäuslichen Pflichten, als unmoralisch, unzüchtig und verdorben beschrieben und kritisiert. Frauen, die lesen, galten als so gefährdet wie gefährlich. Doch in Wahrheit haben sie durch ihre ungezügelte Leselust beträchtlich an Menschenkenntnis und Lebensklugheit gewonnen, die Mehrzahl der Männer hingegen ist in derlei Dingen so borniert wie zuvor. »Der Roman ist das Sachbuch der Frau«, meint die Literaturwissenschaftlerin Hannelore Schlaffer. Was ihm an Informationsgehalt und Systematizität abgehen mag, macht er durch die Unvoreingenommenheit und plastische Kraft, mit der er das Leben darstellt, mehr als wett.

Um es mit einem schönen Bild von Max Frisch zu sagen, das mir in besonderer Weise in unseren Kontext zu passen scheint: Wer Romane liest, probiert Geschichten an wie Kleider. Wenn ihm ein Kleid zu passen scheint, trägt er es eine Weile – doch welche Frau hat schon nur ein Kleid in ihrem Schrank? Wir brauchen immer wieder neue Romane, nicht jeden Tag, aber in gewissen Abständen, mal kleineren, mal größeren. Manche Romane sortieren wir aus, weil wir ihnen entwachsen sind oder sie nicht mehr zu unserem Lebensgefühl und Selbstverständnis passen wollen. Doch es kann auch passieren, dass wir ein Jahre in den Schrank verbanntes Kleid wieder hervorholen und uns darüber wundern, warum wir es so lange unbeachtet lassen konnten.

Diese Art der Lektürepraxis mag *hedonistisch* erscheinen, und das ist ja auch im Prinzip der Vorwurf gewesen, den die Kritiker der weiblichen Leselust den lesenden Frauen von Anfang an gemacht haben. Sie läsen nur zu ihrem Vergnügen, und eine rein aufs Vergnügen abgestellte Lektüre führe zum Ungenügen am Wirklichen mit der bekannten Folge der Verderbnis der Sitten. Doch das ist immer nur die eine Seite jener Revolte gegen die gängige, in der Studierstube ausgeübte Lektürepraxis gewesen, die die Frauen im 18. Jahrhundert angezettelt haben. Die andere Seite ließe sich als *hermeneutisch* bezeichnen. Es ging und geht ums Verstehen, um die Beantwortung von Grundfragen des Lebens: Wer bin ich? Was ist meine Bestimmung? Wie stark bedingt mich meine Herkunft? Welche Freiheiten habe ich? Welche Rollen und Aufgaben sind mir angemessen? Eine der großen intellektuellen Leistungen der Aufklärung war, zu zeigen, dass sich diese Fragen nicht generell und schon gar nicht ein für alle Mal, sondern stets nur individuell, auf der Basis von Lebenserfahrungen, beantworten lassen. Und der Roman ist zu jener so großen wie großartigen Kunstform herangewachsen, die diese Fragen seitdem stellt und sie beantwortet – indem sie realistische Geschichten von Menschen erzählt und dabei eine umfassende, ganzheitliche Perspektive auf das Leben insgesamt gewinnt. Zugleich untersucht und prüft er, welche Folgen bestimmte Antworten haben können. Der Sinn von Romanen, so hat der schon erwähnte Henry James gemeint, bestehe darin, dem menschlichen Herzen zur Selbsterkenntnis zu verhelfen. Henry James wollte diese Definition ausdrücklich auf »gute Romane« begrenzt wissen. Aber noch der schlechteste Roman geht im Grunde diesem Geschäft nach, wie der menschenfreundliche Schweizer Schriftsteller Robert Walser wusste, der einst über das Lesen schrieb: »Ich habe mitunter von sogenannter schädlicher Lektüre reden hören, wie z. B. von berüchtigten Schauerromanen. Auf dieses Kapitel näher einzugehen möchten wir uns verbieten, aber so viel können wir sagen: Das schlechteste Buch ist nicht so schlecht wie die völlige Gleichgültigkeit, die überhaupt nie ein Buch zur Hand nimmt. Das Schundbuch ist lange nicht so gefährlich, wie man vielleicht meint, und das sogenannte wirklich gute Buch ist unter Umständen durchaus nicht so gefahrlos, als man allgemein annehmen möchte. Geistige Dinge sind nie so harmlos wie etwa Schokoladeessen oder wie der Genuß eines Apfelkuchens.«

Die konventionelle Version der Geschichte der weiblichen Emanzipation geht so: Zuerst waren die Frauen gefesselt an die heimelige Sphäre des Hauses. Dort herrschten Unterwerfung, Passivität und Emotionalität. Die Frauen übten sich in Geduld. Höchstens riskierten sie hinter ihren Stickrahmen und Büchern einen heimlichen Blick durchs Fenster in die wirkliche Welt. Da draußen musste das Leben, das Abenteuer sein. Doch die außerhäusliche Sphäre war den Männern vorbehalten.

Nach und nach aber verließen die Frauen ihren angestammten Platz am Fenster und traten durch die Tür des Hauses ins Freie. Die Männer reagierten darauf anfangs autoritär, später argwöhnisch, mittlerweile jedoch in der Regel partnerschaftlich. Seitdem sind die Frauen im Begriff, die alten Bindungen abzustreifen und ein Leben in Freiheit zu führen.

Lesende Frauen werden klug

Das ist eine schöne Geschichte, die allerdings den gravierenden Nachteil hat, dass sie keineswegs so glatt funktioniert, wie

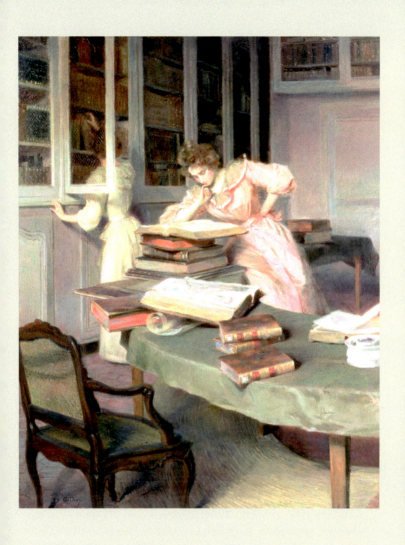

Edouard Gelhay (1856–1939),
Elegante Damen in einer Bibliothek, undatiert
London, Waterhouse and Dodd

sie vorgibt, und das vorausgesetzte Happy End verfehlt. Denn das Draußen, das »feindliche Leben«, wie es Schiller nannte, hat seine eigenen Zwänge, die kein bisschen weniger in die Seele schneiden als die Beengtheit des Hauses.

Doch soll dies beileibe kein Plädoyer dafür sein, den Frauen den Weg zurück ins Haus anzuempfehlen und die alten Zwänge wiederherzustellen. Es könnte sich jedoch als lebensdienlich erweisen, nicht ohne Not eine Rückzugsmöglichkeit aufzugeben, die in vieler Hinsicht den Aufbruch der Frauen aus der Enge des Hauses erst initiiert hat. Ich meine natürlich das Lesen.

Auch das hat Virginia Woolf mit dem eigenen Zimmer gemeint, das zu erobern sie den Frauen empfahl: Es ist ein Refugium, nicht zuletzt, um ungestört lesen (und in manchen Fällen auch schreiben) zu können, verschont von den Blicken und Ansprüchen der anderen, etwa der Familie.

Lesen ist eine elementare Form, »bei sich selbst zu sein, heimatlich bei sich«, wie das der Philosoph Hegel formuliert hat. Dies eben sei die Freiheit, meinte er; »denn wenn ich abhängig bin, so beziehe ich mich auf ein Anderes, das ich nicht bin ...; frei bin ich, wenn ich bei mir selbst bin«.

Verhaltensforscher und Psychologen lehren uns, wie elementar das Gefühl von Geborgenheit für unsere persönliche Entwicklung und Leistungsfähigkeit ist. Die amerikanische Schriftstellerin Lynne Sharon Schwartz hat davon berichtet, wie ihr das Lesen seit Kindheitstagen Geborgenheit vermittelte: »So viel im Leben eines Kindes ist auf die Bedürfnisse anderer Menschen ausgerichtet ... Dass ich als Kind so viel las, hinter verschlossenen Türen, auf dem Bett sitzend, während langsam die Dämmerung hereinbrach, war ein Akt der Rückeroberung. Das und nur das tat ich für mich selbst. Dann gehörte mein Leben mir.« »Wenn die Leute an sich selbst glauben – dann sind sie so geborgen, dann braucht man eigentlich gar keine Götter mehr«, meint der Psychologe Hans Mogel.

Und auch keine Männer, die den Frauen vorschreiben, woran sie sich zu halten haben. Lesen ist mehr als die Aneignung von Wissen. Es ist auch ein Akt, sich der Kontrolle durch die anderen zu entziehen, bislang für unüberwindlich gehaltene Schranken niederzureißen, Seele und Geist flanieren zu lassen. Das Lesen von Literatur im Allgemeinen und von Romanen im Besonderen hat im Kern etwas Anarchisches: Es ist ein Schritt auf die wilde Seite des Lebens, in den Dschungel der Gefühle und die Terra incognita unserer Seele – »a walk on the wild side«, wie es so schön in dem bekannten Song von Lou Reed heißt. Wer liest, dem fällt es leicht, mit Konventionen zu brechen. Henry James hat von der »luxuriösen Unabhängigkeit von Regeln und Einschränkungen« gesprochen, in der sich sowohl Autor als auch Leser von Romanen bewegen. Wer viel und intensiv liest, für den wird dieser Luxus der Unabhängigkeit zur zweiten Natur, zu einer inneren Notwendigkeit, die das Leben erst lebenswert macht. Das macht lesende Frauen gefährlich, insbesondere in den Augen all derer – in der Regel Männer –, die der Illusion der vollständigen Berechenbarkeit der Welt nachjagen. Aber auch im Hinblick auf höhere Instanzen, die uns vorschreiben wollen, wie wir zu leben haben. Und es macht lesende Frauen klug, vor allem lebensklug. Wer liest, bekommt einen Eindruck von der Unberechenbarkeit des Lebens. Und hält sie womöglich nicht mehr für einen Nachteil, sondern für eine Chance, gar ein Glück.

Lesen befreit

Lesenlernen ist immer auch ein Akt der Initiation – des Übergangs aus dem Zustand kindlichen Unwissens und der Unmündigkeit in den einer Teilhabe am Wissen und seiner Macht. Wer nicht lesen kann, bleibt in vieler Hinsicht sein Leben lang der Welt der Kinder verhaftet, ganz so, wie man sich die Rolle der Frau einst wünschte. In Bernhard Schlinks berühmtem und mittlerweile mit Kate Winslet in der Hauptrolle verfilmtem Roman *Der Vorleser* nimmt sich die geheimnisvolle Hanna einen jungen Kerl, der noch die Schulbank drückt, zum Liebhaber. Sie tut dies nicht nur, weil er ihr so schön vorliest, sondern weil sie selbst – obwohl auch in sexueller Hinsicht alles andere als eine unschuldige Frau – durch ihr verschwiegenes Analphabetentum zeitlebens auf der Schwelle zur Welt der Erwachsenen verharrt.

Lesenlernen sprengt den Kokon der Ahnungslosigkeit und Naivität – erst wer ihn verlassen hat, dessen Geist kann wirklich Flügel schlagen. Das aber geschieht nicht von heute auf morgen. Lesenkönnen meint mehr als das

Entziffern von Buchstaben; wer es wirklich beherrscht, ist imstande, förmlich über den Text hinwegzufliegen und das Gelesene dabei mit seinen Vorstellungen und Gedanken zu beleben.

Derart lesekundige, gelehrte Frauen hat es zu allen Zeiten gegeben; allerdings bildeten sie eine Minderheit. Einige herausragende Gestalten aus diesem Pantheon der Leserinnen stellt dieses Kapitel vor – wie die spätantike Philosophin Hypatia und die aufgeklärte Wissenschaftlerin Emilie du Châtelet.

Darüber hinaus versammelt es auch Bilder von den Eroberungsfeldzügen, die Frauen an jene Orte des Wissens unternahmen, die traditionell Männern vorbehalten waren. Beispielhaft dafür steht die Bibliothek. Noch Mitte der 1920er-Jahre beschrieb die damals schon berühmte Schriftstellerin Virginia Woolf, wie ihr das Betreten der Bibliothek des Trinity College in Cambridge verwehrt wurde; Frauen, so bedeutete ihr ein freundlicher Herr mit leiser Stimme, Frauen hätten nur Zutritt zu der Bibliothek, wenn sie von einem Fellow des College begleitet würden oder ein Empfehlungsschreiben vorweisen könnten.

Das heimliche Lesen verbotener Bücher ist denn auch – zumal wegen seiner Pikanterie – ein beliebter Seitenaspekt der Darstellungen lesender Frauen. Im Pariser Salon von 1865 stellte der französische Maler Auguste Toulmouche, dessen Spezialität schöne Frauen in üppigen Interieurs waren, ein Bild mit dem Titel *In der Bibliothek* aus, das als *Die verbotenen Früchte* bekannt wurde.

Links im Vordergrund lesen zwei junge Frauen so interessiert wie amüsiert gemeinsam in einem Buch. Eine dritte Frau steigt auf eine Bibliotheksleiter, um an die oberen Regale des reich verzierten Bücherschranks zu gelangen, wo jene Bände stehen, die man später als »Bückware« bezeichnete. Während sie ein Buch herausgreift, schaut sie auf eine vierte junge Frau, die an einer großen Tür steht und lauscht, ob sich Tritte oder Stimmen nähern. Auf dem Boden liegen verstreut aufgeschlagene Bücher, die die jungen Damen wohl schon angelesen haben. Die Frauen bilden eine verschwörerische Gemeinschaft, was natürlich auf die Heimlichkeit ihres Tuns zurückgeht, aber auch auf das Bewusstsein, sich Wissen anzueignen, das die Konventionen ihnen vorenthalten.

Dass dieses Wissen etwas mit Sex zu tun hat, ist dabei nicht nur eine Fantasie lüsterner Männer. Der Historiker Arthur Imhof hat nachgewiesen, dass der Rückgang der Kindersterblichkeit in Europa mit der Zunahme der Lesefähigkeit der Frauen korreliert, denn Frauen, die lesen konnten, waren in der Lage, sich über Hygiene- und Verhütungsmaßnahmen zu informieren; zudem stellten sie andere Ansprüche an das eigene Leben, entwickelten eine stärkere Verantwortung dafür. Lesen befreit – nicht zuletzt auch von dem Glauben, als Schicksal hinnehmen zu müssen, was doch im Wesentlichen der eigenen Unwissenheit geschuldet ist.

Gelehrte leben gefährlich

Die so liebreizende wie fromme Leserin, die der Florentiner Barockmaler Onorio Marinari auf diesem Gemälde verewigt hat, soll die heilige Katharina von Alexandria darstellen. Angerufen wurde diese einstmals sehr beliebte Heilige bei Zungenleiden und Sprachschwierigkeiten; zudem galt sie als Schutzpatronin der Schulen und philosophischen Fakultäten. Kein Wunder also, dass Marinari sie in die Lektüre eines großformatigen Buches vertieft zeigt. Das Symbol

des Buches ist dabei mit dem der Krone verbunden, denn Katharina soll versucht haben, den römischen Kaiser Maxentius zum christlichen Glauben zu bekehren. Doch dem Kaiser war mehr nach Begehren als nach Bekehrung: Er verlangte Katharina zur Frau, diese aber starb lieber den Märtyrertod durch ein mit Sägen und Nägeln besetztes Rad, als sich von einem Heiden entjungfern zu lassen.

Allerdings gehört diese fromme Geschichte ins Reich der Legende: Eine solche Katharina hat es in Alexandria nie gegeben. Verbürgt ist dagegen die Existenz einer anderen Frau, auch diese intelligent und schön. Ihr Name Hypatia ist der heiligen Katharina als Beiname erhalten geblieben. Hypatia war eine renommierte Philosophin in einer Zeit des Umbruchs in Alexandria: Das intellektuelle Zentrum der Spätantike, an dem »Heiden«, Juden und Christen bislang gut miteinander ausgekommen waren, entwickelte sich zunehmend zum Schauplatz eines Kampfes der Kulturen und Religionen. Dessen Opfer wurde die gelehrte Hypatia. Ein Mob christlicher Eiferer riss ihr die Kleider vom Leib, prügelte sie zu Tode und verbrannte anschließend ihren Leichnam.

Die Psychologie nennt einen Vorgang wie den der Ersetzung von Hypatia durch Katharina Deckfantasie: An die Stelle eines tabuisierten Geschehens, hier der Ermordung einer Philosophin durch Christen, tritt eine Wunschfigur, hier eine fromme Heilige, die aber noch gewisse Züge des Verdrängten bewahrt.

Onorio Marinari (1627–1715)

Hypatia von Alexandria, undatiert
Salzburg, Residenzgalerie

Maurice Quentin de La Tour (1704–1788)

Emilie du Châtelet, undatiert
Privatsammlung

Emilia Newtonmania

Es sei gewiss, meinte Emilie du Châtelet, die fünfzehn Jahre lang als Geliebte Voltaires an seiner Seite lebte, dass die Liebe zur Wissenschaft den Männern zu ihrem Glück weit weniger notwendig sei als den Frauen. Männer, so die gebildete Frau, deren Scharfsinn auch Immanuel Kant anerkannte, verfügten über ganz andere Möglichkeiten, Ruhm zu erlangen – namentlich führte sie die Kriegskunst und die Politik an. Finde sich unter den Frauen hingegen zufällig eine mit einer nach Höherem strebenden Seele, so bleibe ihr nur die Wissenschaft, »um sich über all die Abhängigkeiten und Ausschlüsse hinwegzutrösten, zu denen sie durch ihre Lage verdammt ist«.

Und Emilie du Châtelet meinte tatsächlich Wissenschaft, Naturwissenschaft. Voltaire hat ihre maßgebliche Mitwirkung an seiner allgemeinverständlichen Darstellung der Physik Isaac Newtons (*Elemente der Philosophie Newtons*, 1736) ausdrücklich anerkannt. Vor allem aber hat sie, die von sich

selbst scherzhaft als »Emilia Newtonmania« sprach, dessen Hauptwerk, die *Mathematischen Prinzipien der Naturphilosophie*, erstmals aus dem Lateinischen ins Französische übersetzt und dabei, so ihre eigentliche Leistung, die Argumentation Newtons mit der von Gottfried Wilhelm Leibniz entwickelten

Infinitesimalrechnung erläutert. Maurice Quentin de La Tour, der bedeutendste Pastellmaler des 19. Jahrhunderts, stellte die Marquise im Alter von vierunddreißig Jahren bei ihrer Arbeit dar. Der Zirkel galt seit der Antike als das mathematische Instrument schlechthin. Dass er auch in Darstellungen der Melancholie auftaucht, verweist hier in Verbindung mit dem in die Hand gestützten Kinn sicher nicht auf eine depressive Disposition der Wissenschaftlerin, sondern auf ihren herausragenden Intellekt. Galt die Melancholie doch traditionell als Geistesverfassung des Genies.

Im Alter von dreiundvierzig Jahren starb Emilie du Châtelet kurz nach der Geburt einer Tochter an Kindbettfieber. Voltaire schrieb: »Das kleine Mädchen wurde geboren, als seine Mutter an ihrem Schreibtisch war, newtonsche Theorien schreibend. Das Neugeborene wurde auf ein Geometriebuch gelegt, während die Mutter ihre Papiere einsammelte und zu Bett gelegt wurde.«

Die entschlossene Studentin

Wie ernst und feierlich die junge Frau vor dem Tisch mit den beiden Büchern steht. Mit der rechten Hand umklammert sie die Lehne des Stuhls – eine Geste, die zum einen Schwermut verrät, aber zugleich auch eine beinahe wilde Entschlossenheit, das Leben als Studentin zu bewältigen. Zwar wurde in den letzten Jahrzehnten des 19. Jahrhunderts in vielen europäischen Ländern das Frauenstudium eingeführt, aber der weibliche Anteil an den Studierenden blieb noch lange Zeit verschwindend gering.

Dorelia McNeill, die der aus Wales stammenden Malerin Gwen John für dieses Bild Modell stand, wanderte im Jahr seiner Entstehung mit der Künstlerin durch den Südwesten Frankreichs. Sie wurde später die Geliebte von Gwen Johns jüngerem Bruder Augustus, dessen Ruhm als Maler den seiner Schwester bei Weitem überstrahlen sollte, obwohl er selbst sie immer für die bessere Künstlerin hielt. Und während Augustus, der mit Dorelia und seiner Frau Ida zeitweise in einer Ménage à trois lebte, seine Geliebte vorwiegend durchaus konventionell als begehrenswerte Frau oder Mutter darstellte, häufig in wehenden, farbenfrohen Kleidern, ist sie in Gwen Johns Gemälden nüchtern gekleidet. Die Betonung liegt hier auf dem intellektuellen Leben und dem dadurch erworbenen Selbstbewusstsein Dorelias.

Lesen befreit

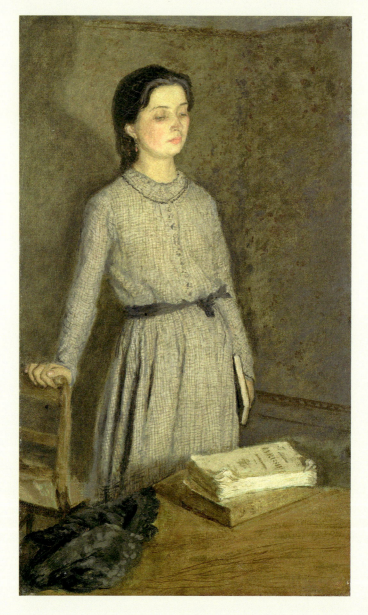

Man hat vermutet, dass mit dem zerlesenen Buch, das auf dem Tisch liegt, das bedeutende Werk *La Russie en 1839* des Diplomaten Astolphe de Custine gemeint ist. Custines Buch ist aufgrund seines visionären Charakters mit Tocquevilles epochalem Werk *Die Demokratie in Amerika* verglichen worden. Das Buch, das auch in einem anderen Bild Gwen Johns auftaucht (*Dorelia by Lamplight, at Toulouse*), wäre somit ein Hinweis auf die damals avantgardistische Vorliebe für französische und russische Literatur und Kultur, die die junge Malerin mit ihren Freundinnen teilte.

Gwen John (1876–1939)

Die Studentin, 1903
Manchester Art Gallery

Pietro Longhi (1702–1788)

Bibliotheksbesuch, undatiert
Worcester Art Museum

Venezianische Bibliothek

Pietro Longhi, geboren in Venedig am Anfang des 18. Jahrhunderts, und gestorben ebendort, als das vergnügungssüchtige Jahrhundert seinem Ende zueilte, war ein großer Chronist der Gesellschaft der Lagunenstadt, begabt mit einem unbestechlichen analytischen Blick und feinem Sinn für Humor. In seinem Œuvre finden sich zahlreiche Schilderungen aus dem Frauenleben der venezianischen Gesellschaft. Viele Szenen zeigen, wie junge Damen von Männern ausstaffiert, examiniert, unterwiesen, gemalt, unterhalten oder, wie in diesem Fall, besuchsweise in eine den Männern vorbehaltene Welt eingeführt werden. Bibliotheken waren im 18. Jahrhundert Orte, an denen Frauen als störend empfunden wurden, wenn sie denn überhaupt Zutritt hatten. Longhis Bild konfrontiert die abgedunkelte, konzentrierte, altertümliche Atmosphäre der Bibliothek mit der Frivolität und Leichtfertigkeit ihrer Besucher, die sich auch in der so einschmeichelnden wie hochtrabenden Gestik ihres männlichen Begleiters widerspiegelt.

Intellektuelles Engagement

Was suchen die beiden Frauen, zumal so elegant gekleidet, in der Bibliothek? Noch grundsätzlicher und etwas polemisch gefragt: Haben sie dort überhaupt etwas zu suchen? Die beiden Ladys haben die aus den Regalen herausgezogenen Bücher wahllos auf den Tischen verstreut, an denen sie auch nicht in angemessen komfortabler Studier- bzw. Lesehaltung Platz genommen haben. Stattdessen lümmelt sich die junge Dame im Vordergrund auf dem Tisch und stützt sich kokett mit ihrem Ellbogen auf ein aufgeschlagenes, auf andere Bücher getürmtes Buch. Offenkundig handelt es sich um einen Atlas oder Bildband, vielleicht auch ein aufgebundenes Modejournal. Weitere Bände liegen aufgeschlagen herum, einige so nahe an der Tischkante, dass sie herunterzufallen drohen. Eine aufgerollte Karte wird das Zuklappen des auf ihr liegenden Bandes kaum überstehen. Dies ist nicht gerade ein sachgemäßer, pfleglicher Umgang mit den wertvollen Beständen einer Bibliothek, auch einer Privatbibliothek. Vordergründig thematisiert dieses Bild das intellektuelle Engagement zweier junger Damen. Näher besehen, ist es jedoch eine Warnung davor, Frauen den Zugang zu Bibliotheken zu öffnen; denn, so wohl die Botschaft, sie werden dort nur Unordnung anrichten.

Lesen befreit

Edouard Gelhay (1856 – 1939)

Elegante Damen in einer Bibliothek, undatiert
London, Waterhouse and Dodd

Liebes Buch, mach mich fromm

Das Bild der lesenden Frau war von der Antike über viele Jahrhunderte mit Häuslichkeit verbunden. Das verwundert kaum, da sich die realen und symbolischen Aufgaben der Frauen traditionell auf Haus und Familie bezogen. Lesen sollten die Frauen schon, solange sie dafür daheim blieben und ihre Haushaltung von der Lektüre profitierte (wobei der Gerechtigkeit halber gesagt werden muss, dass zu den Aufgaben etwa einer römischen Hausherrin die Überwachung und Einteilung der Sklaven, die Vorratshaltung, die medizinische Versorgung, die Aufsicht des Verwalters, das gesamte Rechnungswesen sowie weitere Verwaltungs- und Kommunikationstätigkeiten zählten; deren adäquate Beherrschung erforderte ein großes, auch theoretisches Wissen).

Den einzigen Ausweg aus dieser Fixierung bot lange Zeit die Religion. In der Gottesmutter Maria hat die christliche Religion eine zentrale weibliche, bibliophile

Figur geschaffen. Auf den zahlreichen Darstellungen ist sie häufig in die Lektüre versunken oder hält zumindest ein Buch in der Hand, als Zeichen dafür, dass Lesen einen wesentlichen Bestandteil ihres Daseins ausmacht. Seit seinen Anfängen hat das Christentum die religiöse Lebensweise mit der Kultur des Lesens verbunden. Nicht lesen zu können erschien bereits Augustinus als Hindernis auf dem Weg zu Gott, und er bezog ausdrücklich Frauen in diese Betrachtung mit ein. Das klösterliche, monastische Lesen, wie es Ivan Illich genannt hat, das weniger eine Technik als eine Haltung ist, die das Studium der Bücher zum Lebensinhalt macht, stand auch Frauen offen – als eine Option für diejenigen, die weder Familie hatten noch zu heiraten wünschten. Allerdings galt für sie das Gebot, sich beim Lesen still zu verhalten; bereits Paulus hatte gefordert, dass die Stimme von Frauen in der Kirche nicht zu vernehmen sein sollte. Es erschien den Kirchenvätern als ein Sakrileg, dass Frauen hätten lehren können, wie dies einigen heidnischen Philosophinnen nachgesagt wurde.

Die Beschäftigung mit dem Buch hat im Christentum eine therapeutische Funktion; sie befreit von der Verfallenheit an die irdische Welt und eröffnet den Zugang zur Transzendenz. Das wird noch an der Figur der Maria Magdalena deutlich, die sich als Sünderin und Büßerin im ausgehenden Mittelalter zunehmender Popularität erfreute. Seit dem 15. Jahrhundert wurde sie häufig als Lesende dargestellt; das Buch stand hier für die Überwindung des weltlichen Lebens durch die Gabe der Kontemplation. Und ein Buch hält Maria Magdalena auch dann noch in den Händen, wenn die Darstellung der fleischlichen Sünderin alle religiösen Bezüge längst abgestreift hat.

Eine Antwort auf die Frage, ob und wie viel Frömmigkeit das Lesen verträgt, hat bereits die große spanische Mystikerin Teresa von Ávila im 16. Jahrhundert gegeben. Mehr als ihr selbst wohl lieb war, zehren ihre Darstellungen des mystischen Lebens von einer Bildersprache, die sie als jugendliche Leserin der Ritterromane ihrer Zeit kennengelernt hatte. Im *Buch ihres Lebens*, ihrer Autobiografie, schrieb Teresa: »Ich gewöhnte mir an, diese Bücher zu lesen, und diese kleine Schwäche verminderte das Verlangen und die Bereitschaft, meine anderen Pflichten zu erfüllen. Es machte mir nichts aus, viele Stunden des Tages und der Nacht, verborgen vor meinem Vater, mit dieser eitlen Beschäftigung zu verbringen. Meine Begeisterung war so übermächtig, dass ich glaubte, unglücklich sein zu müssen, wenn ich kein neues Buch vor mir hatte.« Was die fromme Teresa hier im Rückblick selbstkritisch als »eitle Beschäftigung« beschrieb, schenkt vielen Millionen Romanleserinnen, die bis heute in den Fußstapfen der jugendlichen Teresa wandeln, Stunden des Entzückens und Tage der Erfüllung. Wie Teresa von Ávila auf göttliche Weise erleben sie, emporgetragen von den Flügeln der Lektüre, auf ganz irdische Weise jene Verwandlung von einer hässlichen Raupe in einen weißen Schmetterling, die bereits der mystischen Pilgerin als Sehnsuchtsziel vorschwebte.

Diego Velázquez (1599–1660)

Sibylle, um 1644/48
Dallas, Meadows Museum

Die Intuition

Wie kaum einer vor ihm hat sich der spanische Barockmaler Diego Velázquez von den traditionellen religiösen und mythologischen Bildsujets, die zum Curriculum der Malerei seiner Zeit gehörten, gelöst und sie bis zur Unkenntlichkeit in Alltagsdarstellungen überführt. So konnten die Impressionisten in ihm einen ihrer wichtigsten Vorläufer erkennen. Wenn Édouard Manet Velázquez den »peintre de peintre«, einen Maler für Maler, genannt hat, dann auch aus dem Eindruck heraus, dass sich seine Bilder mehr an das Auge statt an den analytischen Verstand richten.

So kommt es bei diesem Bild, das für gewöhnlich als eine »Sibylle mit Tabula rasa«, eine Wahrsagerin mit einer abgeschabten und wieder beschreibbaren Schreibtafel, identifiziert wird, auch weniger darauf an, ob die weibliche Figur tatsächlich eine antike Prophetin darstellt. Für diese Deutung spricht immerhin, dass die Tafel, auf die die Frau deutet, leer ist; genau das nämlich ist auch bei Michelangelos berühmten Sibyllen-Darstellungen im Deckenfresko der Sixtinischen Kapelle der Fall, die Velázquez bei seinem einjährigen Romaufenthalt studiert hat – auch diese Sibyllen lesen die Zukunft aus leeren Büchern.

Velázquez' Darstellung konzentriert sich auf den flüchtigen Akt der Eingebung selbst: Die Frauenfigur wird in dem

Augenblick gezeigt, in dem sie flüsternd ausspricht, was ihr inneres Auge ihr zu sehen gibt. Ihr Wissen entstammt nicht dem analytischen Verstand, sondern der Intuition, und bedarf keiner niedergeschriebenen Zeichen als materieller Stütze. Wahrheit ist nicht das Ergebnis umfangreicher, nur wenigen vorbehaltener Studien, Wahrheit ist spontan – so unmittelbar wie auch die Maltechnik dieses wunderbaren kleinen Bildes, das in der Tat die Freiheit der Impressionisten vorwegzunehmen scheint.

Lorenzo Costa (1460–1535)

Maria der Verkündigung, um 1490
Dresden, Gemäldegalerie Alte Meister

Maria und die Taube

Das Christentum ist eine Religion des heiligen Buches. In der Spätantike war Christus der einzige Gott, der mit einer Schriftrolle in der Hand dargestellt wurde. Aus seinen Händen wanderte das Buch in die der Apostel, Märtyrer und Heiligen, der Prediger, Mönche und Kirchenfürsten. Ganz allmählich und anfangs nur sporadisch fand es seinen Weg auch in die Hände von Frauen, insbesondere in Bildern der Verkündigung: Wenn der Engel Gabriel der Verlobten Josephs ankündigt, dass sie einen Sohn gebären wird, welcher der Sohn Gottes ist, dann zeigen die Darstellungen sie häufig als Leserin. Und nicht selten hat es den Anschein, als würde der überraschende Eintritt des Engels Maria in ihrer Lektüre förmlich aufstören, auch wenn ihre Aufmerksamkeit selbstredend einem Gebetbuch oder biblischen Lehrbuch gegolten hat...

Der aus Ferrara gebürtige italienische Maler Lorenzo Costa war einer der Ersten, die sich in ihrer Darstellung Marias beinahe vollständig auf ihre Interaktion mit dem Buch be-

schränkt haben. Dass ihre Lektüre dennoch in einen übergreifenden Kontext eingebettet bleibt, geht in seinem Bild aus der Taube hervor, die sich Maria äußerst zielstrebig nähert. Die Taube ist ein Symbol des Heiligen Geistes, der schon auf älteren Bildern der Verkündigung als der eigentliche Inaugurator des heiligen Geschehens gezeigt wird. Hier schwebt er über dem aufgeschlagenen Buch und bildet mit ihm und dem Kopf Marias ein Dreieck, dessen untere Spitze auf jenen Ort deutet, der in allen Darstellungen der Verkündigung tabu bleibt: den weiblichen Schoß, in dem das neue Leben gezeugt und aus dem es geboren wird.

Liebes Buch, mach mich fromm

Sofonisba Anguissola (um 1530–1625)

Die Schwester der Künstlerin in Nonnentracht, 1551
Southampton City Art Gallery

Die klugen Schwestern

Als die junge Renaissancepoetin Irene di Spilimbergo eines der zahlreichen Selbstporträts von Sofonisba Anguissola sah, erwachte in ihr der Wunsch, Malerin zu werden. Dazu wollte sie bei keinem anderen als dem berühmten Tizian in die Lehre gehen. Diese Anekdote zeigt, wie stark die zu Lebzeiten gefeierte Malerin andere Frauen ihrer Epoche ermutigt hat, eine Laufbahn als Künstlerin einzuschlagen. Sie ist aber auch insofern von Belang, als in späteren Jahrhunderten, in denen der Ruhm der Renaissancemalerin zu verblassen begann und sie gar in Vergessenheit geriet, man ihre Werke männlichen Malern zuschrieb, darunter vor allem eben Tizian, den man lange Zeit auch für den Urheber dieses Bildes hielt.

Es ist das früheste noch erhalten gebliebene Werk Sofonisbas, das sie im Alter von sechzehn Jahren gemalt hat. Nach allem, was wir heute wissen, stellt es ihre jüngere Schwester Elena dar, die gemeinsam mit ihr Malunterricht bei einem bekannten Künstler nahm, eine für damalige Verhältnisse sehr ungewöhnliche Ausbildung für Mädchen. Nach einigen Jahren entschloss sich Elena, in das Dominikanerkloster von San Vincenzo in Mantua einzutreten. Als das Bildnis entstand, muss die Novizin vierzehn oder fünfzehn Jahre alt gewesen sein. Was uns heute wie ein Panzer vorkommt, war in Wirklichkeit eine weich fallende Wolltunika. Besonderen Wert gelegt hat die junge Malerin auf die fein abgestimmten Schatten in den Umschlägen der Ärmel sowie auf den Gesichtsausdruck, der scheu ist, aber doch offen.

Dass das erste große Gemälde Anguissolas eine Nonne darstellt, liegt nahe, da die ersten bildenden Künstlerinnen des christlichen Zeitalters allesamt Nonnen waren, viele von ihnen Buchmalerinnen. Das Buch, das Elena hält, ist ohne Frage eine kostbare, in saffianrotes Leder eingebundene Bibel, vielleicht sogar von ihr selbst illuminiert. Bücher tauchen auf den Bildnissen Sofonisbas, auch auf ihren Selbstporträts, in großer Zahl auf. Sie verstand sich als eine gelehrte, heute würden wir sagen intellektuelle Künstlerin. Eine frühe Zeichnung von ihr zeigt ein lachendes Mädchen, das einer alten Frau das Lesen beibringt – das Bild zeugt von einem Sinn für Komik, aber auch vom Selbstbewusstsein einer großen Malerin.

Fromme Frauen

Kein Geringerer als Vincent van Gogh hat sich von diesem Bild, das wir heute auf den ersten Blick für ein frommes Genrebild halten könnten, äußerst begeistert gezeigt. In einem Brief an seinen Bruder Theo rühmte er im Jahr 1888 »einen gewissen Wilhelm Leibl, einen Mann, der sich ganz selbst gebildet hat. Ich habe von ihm die Reproduktion eines Bildes, mit dem er plötzlich hervorgetreten ist … Es stellt drei Frauen in einer Kirchenbank dar, eine sitzende Figur von einer jungen Frau …, zwei kniende alte Frauen in Schwarz mit Tüchern um den Kopf. Wunderbar in der Empfindung, und gezeichnet wie Memling oder Quentin Massys. Dieses Bild hat, wie es scheint, viel Aufsehen unter den Künstlern erregt …«

Das Gemälde *Drei Frauen in der Kirche*, Leibls bedeutendstes Werk, entstand nach seinem Rückzug aus dem Münchener Kunstbetrieb. Der Pfarrer von Berbling, einem Dorf unweit von Bad Aibling, hatte ihm im Pfarrhaus ein Atelierzimmer zur Verfügung gestellt. Er gestattete ihm auch, in der selbst in der warmen Jahreszeit noch eiskalten Kirche zu malen. Leibl arbeitete an seinem Gemälde vier Sommer lang; seine Modelle fanden sich beinahe täglich ein und harrten stundenlang in der Kälte aus. Um den Farbauftrag die ganze Zeit über feucht zu halten, wurde das noch unfertige Bild in warmen Sommernächten in einem eigens dafür ausgehobenen tiefen Loch im Pfarrgarten aufbewahrt.

Schon Zeitgenossen hat die »Lebensechtheit« der Darstellung beeindruckt. Man meint, die Zeilen des Aschermittwochsgebets aus Martin von Cochems *Goldener Himmel-Schlüssel, oder sehr kräftiges, nützliches und trostreiches Gebetbuch, zu Erlösung der lieben Seelen des Fegefeuers* förmlich vor sich zu sehen. Es gab allerdings auch Kritiker, die spöttisch von einer »trostlosen geistigen Verkümmerung der drei Grazien« sprachen. Auf jeden Fall handelt es sich über die Besessenheit fürs Detail hinaus um eine ausgefeilte Komposition, die drei Frauen unterschiedlichen Lebensalters zu einer Einheit verbindet. Auch die Lektüre frommer Bücher kann, wie man sieht, verschiedene Grade der Konzentration annehmen: von völliger Versunkenheit wie bei der Greisin in der Mitte bis hin zu eher flüchtiger Aufmerksamkeit wie bei der jungen, aufrecht sitzenden Frau im Sonntagsstaat.

Wilhelm Leibl, (1844–1900)

Drei Frauen in der Kirche, 1882
Hamburger Kunsthalle

Liebes Buch, mach mich fromm

Andacht und Sinnlichkeit

In der schillernden Figur Maria Magdalenas verbinden sich die dem Christentum so wichtigen Elemente der Sünde und Buße in exemplarischer, zudem weiblich schöner Gestalt. Legendär war Maria Magdalenas langes, lockiges Haar, mit dem sie die Beine Jesu trocknete, nachdem sie diese mit ihren Tränen benetzt hatte, bevor sie sie küsste und salbte. Aufgrund dieser Liebesbeweise vergab ihr Jesus ihre Sünden, die

nach späterer Deutung in der Prostitution, also in käuflicher Liebe, bestanden haben.

Laut der *Legenda aurea*, dem populärsten Volksbuch des Mittelalters, wurde Maria Magdalena im Zuge der Vertreibung der Christen aus Jerusalem auf ein Schiff gesetzt, das segel- und steuerlos nach Marseille trieb. Dort bekehrte sie viele Einheimische zum neuen Glauben, zog sich dann aber »in die raueste Wildnis« zurück und lebte dort dreißig Jahre unerkannt, um Buße zu tun. So kam sie an die Attribute des Totenschädels – als Memento mori – und des Buches – als Medium des kontemplativen Lebens.

Ihr sündiges Vorleben vermochte sie jedoch selbst dadurch nicht abzuschütteln. Einer der Ersten, die sie zumindest als halbnackte Leserin gemalt haben, war Correggio. Schon auf seinem Bild war die raueste Wildnis allerdings einem lieblichen Hain gewichen. Seitdem gehört die in schöner Natur büßende Magdalena, mal mit, mal ohne Totenschädel, aber immer mit Buch und mehr oder minder ausgezogen, zu den beliebtesten Sujets der Malerei, das sogar die Nivellierung der religiösen Aufladung überlebt hat. Der Anfang des 17. Jahrhunderts in Utrecht geborene Johannes Paulus Moreelse hatte in Rom die Bilder Caravaggios kennengelernt. Seine büßende Maria Magdalena umschließt mit ihren nackten Armen in einer berückenden Mischung aus Andacht und Sinnlichkeit den mit einem Konvolut von Blättern bedeckten Totenschädel.

Johannes Paulus Moreelse (1603?–1634)
***
Die büßende Maria Magdalena, um 1630
Caen, Musée des Beaux-Arts

Die Stunde der Frauenzimmer

Die deutsche Sprache erlaubt durch die Kombination zweier Substantive die Bildung eines neuen Nomens mit einer bisweilen überraschenden, neuen Bedeutungsstiftung. »Frauenzimmer«, heute längst wieder ungebräuchlich, ist ein solches, in der frühen Neuzeit auftauchendes zusammengesetztes Substantiv. Es meinte ursprünglich die Stube oder das Gemach, wo sich die Frauen aufhalten, wo sie arbeiten oder sich unterhalten. In diesem Sinne stand es dem Herrenzimmer zur Seite. Dann aber verschob sich die Bedeutung des Wortes auf ungeahnte Weise: Nun konnte es neben dem Ort auch die Gemeinschaft der dort wohnenden Frauen bezeichnen, etwa das Gefolge einer Fürstin, und nur wenig später löste die Bedeutung sich gänzlich vom räumlichen Bezug, und man belegte mit diesem Ausdruck Frauen insgesamt, jedenfalls sofern sie von gutem Stand waren: Das schloss gute Herkunft, Wohlhabenheit, gesellschaftliche Umgangsformen, Konversationsfähigkeit und auch eine gewisse Bildung ein.

Doch der Bedeutungswandel war damit keineswegs abgeschlossen, sondern nahm, wie das Grimmsche Wörterbuch notiert, eine noch »kühnere« Wendung: »Das Frauenzimmer erst ein Ort, dann eine Mehrheit von Hoffrauen, hernach von Frauen überhaupt geltend, ist endlich eine einzelne und zwar feine, gebildete Frauensperson«. Aus dem »Kollektivum« wurde also ein Individuum – das Frauenzimmer als Vorläuferin der modernen Frau war geboren.

Sehr vereinfacht gesagt, schlug die Stunde des Frauenzimmers, als immer mehr junge Damen aus dem aufstrebenden Bürgertum das Nähzeug aus der Hand legten und stattdessen, und wenn auch nur zwischendurch, ein Buch in dieselbe nahmen. Das konnte ein sogenanntes *Frauenzimmer-Lexicon* sein, »worinnen alles, was ein Frauenzimmer ... zu wissen nötig hat, nach alphabethischer Ordnung kürzlich beschrieben und erkläret wird«, wie es zuerst Anfang des 18. Jahrhunderts erschien und dann immer wieder erweitert, überarbeitet und auch variiert wurde. Das konnte aber auch ein Roman sein, dessen Aufstieg als Literaturgattung mit der Zunahme weiblicher Freizeit im 18. Jahrhundert einherging.

Parallel zu diesem Aufstieg der Lektüre zur Nummer eins unter den weiblichen Freizeitbeschäftigungen wurde die lesende Frau auch zu einem Lieblingssujet der Maler. In dem Maße, wie die Zahl der Bildnisse weiblicher Leser anstieg, ging die der männlichen zurück. Anfangs wurde diese Verweiblichung des Lesens argwöhnisch registriert: Nicht wenige Zeitkritiker führten im 18. Jahrhundert Angriffe gegen das Überhandnehmen einer Art von Lektüre, die sie als »unordentlich« betrachteten, da sie weniger auf Unterrichtung als auf Vergnügen aus sei. Dass sich diese Bewertung änderte, das Lesen schöner Literatur nicht nur zu einem Attribut von Weiblichkeit wurde, sondern auch in der Wertschätzung stieg, dazu haben die Maler einen wesentlichen Beitrag geleistet. Lesen, so entdeckten sie, lässt schöne Frauen (noch) schöner erscheinen. Es zaubert ihnen jene Versonnenheit und verhaltene Emotionalität, jene Einfühlsamkeit und Sanftmut ins Gesicht, die man nun für spezifisch weiblich hielt. Das Ergebnis war eine neue Form der Lektüre, welche die monastische (mönchische) des Mittelalters und die scholastische (schulmeisterliche) der frühen Neuzeit ablöste und ab dem 18. Jahrhundert ihren Siegeszug antrat. Man mag sie *domestiziert* nennen; sie war häuslich (und nicht klösterlich oder schulisch bzw. akademisch). Zugleich aber hatte sie etwas Ungezügeltes, Wildes, da sie nicht mehr den tradierten Lektürekonventionen folgte. Zeitgenössische Kommentare sprachen von »Lesewut«. Es handelte sich gewissermaßen um eine entgrenzte Lektüre im begrenzten Raum. Nach außen hin angepasst, war sie durchaus gefährlich, denn sie beflügelte das Selbstgefühl und befreite aus der Beengtheit der Herkunft. Nicht ohne Grund wurden Männer seit dem 18. Jahrhundert nicht müde, lesende Frauen als Gefahrenherd zu bezeichnen. Könnte es nicht sein, dass sie darin durchaus recht hatten – dass die Initialzündung zur modernen Emanzipation der Frauen in der Tat ihre Leselust war?

Pieter Janssens Elinga (1623–1682)

Interieur mit Maler, lesender Dame und kehrender Magd, undatiert
Frankfurt am Main, Städel Museum

Das häusliche Innenleben

Der niederländische Maler Pieter Janssens Elinga lässt uns auf diesem in den späten 1660er-Jahren entstandenen Bild in die Zimmer eines zeitgenössischen Wohnhauses blicken, das wie eine Puppenstube vor unseren Augen aufgeklappt ist. Ein erster Blick lädt dazu ein, für das eigentliche Thema des Bildes das Spiel des Lichts zu halten, das durch zwei hoch liegende Fenster in den Raum flutet, sich unter anderem in zwei gleißenden Lichtflecken niederschlägt, deren Widerschein die am Tisch lesende Dame des Hauses beleuchtet, während die fegende Magd im dunklen Vordergrund bleibt. Ein zweiter Blick hingegen lehrt uns, dass »die Taten und Leiden des Lichtes«, von denen Goethe gesprochen hat, hier die Funktion haben, den Entwurf einer sozialen Ordnung auszuleuchten, in der dem Lesen eine wichtige Rolle zugedacht ist.

Es gibt noch eine dritte Person auf dem Bild. Durch die offene Tür sehen wir im hinteren Zimmer den Hausherrn, einen Maler. Er hält eine Palette in der Hand und schaut nach draußen, gewissermaßen direkt ins Licht, das nur durch die Fensterscheiben gebrochen wird. Sein Reich, so sagt uns das Bild, ist die äußere Welt, die er in Gemälden einzufangen trachtet. Das Hausinnere hingegen ist die Domäne der Frau. Magd

und Dame im vorderen Zimmer sind einander zugeordnet, jedoch könnte ihre Beschäftigung nicht unterschiedlicher sein. Während die Magd, angeleitet von ihrer Vorgesetzen, für die äußerlichen Dinge des Hauses sorgt und dies so perfekt macht, dass kein kontrollierender Blick auf sie fallen muss, nutzt die Frau des Hauses die gewonnene Zeit zur Lektüre und kultiviert auf diese Weise das häusliche Innenleben. Lesend kehrt sie der Magd und dem Betrachter, ja der ganzen äußeren Welt den Rücken und konzentriert ihre Aufmerksamkeit vollständig auf die fiktive Welt, die ihr aus dem Buch entgegentritt. Anders als die Magd und der Hausherr erledigt sie die ihr zugedachte Aufgabe in sitzender Lebensweise. Und während der eine mehr oder minder direkt im Licht steht und die andere ihr Tagewerk im Dunkeln verrichtet, hat sie am farbigen Abglanz ihr Leben – in der Welt des Indirekten und Symbolischen, der Literatur.

Joseph Wright of Derby (1734–1797)

A Girl reading a Letter, with an Old Man reading over her shoulder, um 1767–1770
Privatsammlung

Licht im Dunkel

Joseph Wright aus der Grafschaft Derbyshire in den East Midlands von England war der bedeutendste Maler nächtlicher Szenen des 18. Jahrhunderts. Berühmt wurde er durch Bilder, die den experimentellen Geist der sich entwickelnden Naturwissenschaften veranschaulichen. Erstaunlicherweise finden die Taten der Aufklärung bei ihm im Dunkel der Nacht, nur von Kerzenlicht erhellt, statt; wohl aus dem Grund, weil sie so ungeheuerlich sind, dass sie nicht nur gegen den guten Geschmack, sondern auch gegen die angeborene Moral verstoßen. So etwa in dem berühmten Bild *Das Experiment mit dem Vogel in der Luftpumpe*. Es zeigt einen Wissenschaftler, der die Existenz von Luft beweist, indem er sie aus einem Glas pumpt, in dem ein Vogel gefangen ist. Ist die Luft entfernt, stirbt der Vogel. Vergebens versuchen die dem Experiment beiwohnenden Erwachsenen diesen Vorgang den beiden ebenfalls anwesenden Kindern zu erklären. Insbesondere das jüngere Kind, ein Mädchen, hofft mit ängstlichem Blick, dass der Vogel durch das Zurückpumpen der Luft wiederbelebt werden kann.

Von derlei Abgründen ist auf diesem Bild nicht viel zu bemerken. Es zeigt eine junge Frau, die einen Brief liest, während ein älterer Mann ihr über die Schulter schaut und mitliest. Die Lichtquelle ist gut versteckt. Man sieht lediglich den Kerzenhalter unterhalb der rechten Hand des Mädchens. Die Kerze muss schon stark heruntergebrannt sein, denn ansonsten würde der Brief Feuer fangen. Obwohl der Kerzenschein das Papier des Briefes durchscheinend macht, ist dessen Inhalt für den Betrachter nicht lesbar. Es könnte sich um einen Liebesbrief handeln, dessen Inhalt auch der ältere Mann, vielleicht der Vater der jungen Frau, besorgt zur Kenntnis nimmt. Auf jeden Fall wird seine Anwesenheit von der Briefleserin bemerkt, denn mit der Hand berührt er ihre Schulter. Im 18. Jahrhundert waren Briefe häufig die einzigen Lebenszeichen abwesender Personen und eine gute Möglichkeit, Nachrichten aus der Fremde zu bekommen. Briefe zu schreiben und zu lesen ermöglichte die Fortführung von Geselligkeit und Gespräch trotz räumlicher Trennung.

Lesen weckt Wünsche

Am Fenster ist das bekannteste Gemälde des norwegischen Malers Hans Olaf Heyerdahl, der in München studierte und dann nach Paris ging, wo auch dieses Bildnis einer Lesenden entstand. Dass Lesende auf Bildern gerne am oder zumindest in der Nähe eines Fensters platziert sind, hat natürlich damit zu tun, dass beide, Leser wie Maler, eine Lichtquelle benötigen. Zugleich bildet das Fenster jedoch die Schwelle zwischen drinnen und draußen, zwischen der privaten häuslichen Intimität – in der sich Lesende vorzugsweise aufhalten – und der öffentlichen, anonymen Welt der Straße, auf der sie in der gesichtslosen Menge zu verschwinden drohn.

Hält eine Leserin (oder ein Leser) in der Lektüre inne und blickt aus dem Fenster nach draußen, so lässt diese Geste des Auf- und Hinausschauens mehrere Interpretationen zu. Etwa die der Störung in der Lektüre durch den Lärm der Straße. Oder die einer aktiven Zuwendung zur Realität draußen: Aus der Lektüre lässt sich jene Portion Trost oder Stärke ziehen, die man zur Bewältigung des Tages braucht oder die einen an neue Herausforderungen mit Elan herangehen lässt.

Beides ist hier offensichtlich nicht der Fall. Lesen, so hat Proust gemeint, gibt uns keine Antworten, weckt aber Wünsche – und diese enden nicht an den Mauern ringsum. Von jedem guten Roman scheint jene Aufforderung auszugehen, die Rilke in die berühmte Gedichtzeile gegossen hat: »Du musst dein Leben ändern.« Doch das ist kaum mehr als ein diffuses Gefühl, aus dem sich kein konkretes Handeln ableiten lässt und das einen vor allem mit der Unfertigkeit und Unvollkommenheit des eigenen Lebens konfrontiert. Etwas davon liegt im Blick dieser Leserin – die Sehnsucht nach einem anderen Leben, verbunden mit dem melancholischen Wissen darum, dass es ein anderes Leben nicht gibt.

Hans Olaf Heyerdahl (1857–1913)

Am Fenster, 1881
Oslo, Nationalgalerie

Lesen verändert die Maßstäbe

Ein flüchtiger Blick auf dieses Bild nimmt möglicherweise nur von der Frau im Vordergrund Notiz, die in einem Lehnstuhl Zeitung liest. Ihr Mann, der unterhalb der Zeitung versteckt ist und ebenfalls liest – in einem Buch –, ist so mikroskopisch klein geraten, dass er gar nicht richtig da zu sein scheint. Zu Recht haben schon zeitgenössische Betrachter bemerkt, dass der Abstand zwischen Lehnstuhl und Sofa, um

dem Größenmaßstab zwischen Frau und Mann zu entsprechen, wesentlich größer sein müsste; ein Kritiker meinte sogar süffisant, der Raum dazwischen müsste sich dann wie ein Gang im Louvre nach hinten erstrecken. Jedenfalls befinden sich Frau und Mann nicht auf der gleichen Sehebene, während dies bei Sofa und Stuhl sehr wohl der Fall ist. Es scheint, als mache der Mann gerade einen Schrumpfungsprozess durch, so wie etwa Scott Carey in dem unglaublichen Fünfzigerjahre-Film *The Incredible Shrinking Man*, der zusehends kleiner wird, bis er schließlich Angst haben muss, von herabfallenden Wassertropfen erschlagen zu werden. Und in der Tat hat sich Gustave Caillebotte, ein Impressionist mit einem ausgeprägten Sinn für die soziale Realität, in seiner Kunst häufig fotografischer Effekte bedient, um perspektivische Verzerrungen darzustellen.

Als einer der Ersten hat der französische Schriftsteller Joris-Karl Huysmans den gesellschaftskritischen »Impact« dieses Bildes gewürdigt. Allerdings interpretierte er es als Darstellung eines Missverhältnisses in der Beziehung eines Paares, das sich nichts mehr zu sagen habe und die Zeit mit Lektüre totschlage. Dabei stellt die verkehrte Welt, die es zeigt, nicht nur die konventionellen Größenverhältnisse zwischen Mann (klein im Hintergrund) und Frau (groß im Vordergrund) auf den Kopf, sondern auch die Rollenverteilung beim Lesen: Er liest einen Roman (fiktiv und illusionär), sie die Zeitung (Fakten, Fakten, Fakten). Das Bild spielt mit unseren Vorstellungen der Geschlechterrollen und dreht sie probehalber einmal um – in der Absicht, sie zu konterkarieren.

Gustave Caillebotte (1848–1894)

Interieur, Lesende Frau, 1880
Privatsammlung

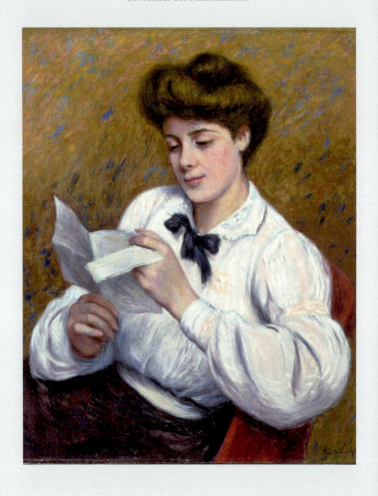

Federico Zandomeneghi (1841–1917)

Die Briefleserin, undatiert
Christie's Images

Lektüre für schöne Frauen

Filme machen, hat François Truffaut einmal gemeint, bedeute, schöne Frauen schöne Dinge tun zu lassen. Lange vor den Filmemachern haben die Maler dieses Erfolgsgeheimnis ansehnlicher Bilder entdeckt. In der zweiten Hälfte des 19. Jahrhunderts entstand eine unübersehbare Flut von Bildnissen, die Frauen bei der schönen Beschäftigung des Lesens, sei es von Büchern oder Briefen, zeigen, häufig völlig losgelöst von einem Ort oder Kontext, in dem die Lektüre stattfindet.

Federico Zandomeneghi war ein aus Venedig gebürtiger Maler, der sich erst von den Macchiaioli – (von italienisch »macchia« = Fleck) eine Gruppierung italienischer Maler, die sich nach dem Vorbild der Schule von Barbizon vom Akademismus abwandten und ihre Staffeleien im Freien aufstellten – und später von den Impressionisten beeinflussen ließ. Ab 1874 lebte er in Paris. Wie viele Maler seiner Zeit fühlte er sich den Frauen verbunden, konzentrierte sich auf die charmanten Aspekte ihres alltäglichen Lebens: den Spaziergang im Park, die »Toilette«, das Gespräch mit den Freundinnen, die Lektüre – ein Strauß guter Gefühle, Gesten und Blicke, zusammengebunden von der Frage nach dem Wesen der Frau, die damals die Gemüter und wohl auch den Maler selbst erregte.

»That purple-lined palace of sweet sin ...«

John Keats, *Lamia*

Der Purpurpalast der süßen Sünde

Seit dem 18. Jahrhundert mehren sich die Szenen in Literatur und Malerei, in denen Büchern die Kraft zu verführen zugesprochen wird. In seinem Mitte des 19. Jahrhunderts erschienenen Roman *Madame Bovary* hat Gustave Flaubert den Zusammenhang von Lesen und Verführung auf drastische Weise thematisiert und zugleich scharfsinnig analysiert. Mit Bezug auf die Titelheldin, die das Opfer ihrer unkontrollierten Einbildungskraft wird, hat man von »Bovarysme« gesprochen und bezeichnete damit ein fatales Missverhältnis von Wunschbild und Wirklichkeit, dem angeblich besonders Frauen aufgesessen sind.

Emma Rouault, spätere Madame Bovary, besucht eine Klosterschule und wird dort während ihrer Pubertät zu einer leidenschaftlichen Leserin der Trivialliteratur ihrer Zeit. »Da gab es nichts als Liebesabenteuer, Liebhaber und Liebhaberinnen, verfolgte Damen, die in einsamen Pavillons ohnmächtig, Postillone, die beim Pferdewechsel unweigerlich ermordet wurden, auf jeder Seite Pferde, die man zuschanden ritt, finstere Wälder, Herzensqualen, Schwüre, Schluchzen, Weinen und Küssen ...« Neben der ausgiebigen Lektüre beschäftigen und beflügeln ihre Fantasie aber auch Bilder – zumal man sie heimlich betrachten muss –, etwa von blond gelockten englischen Ladys, die neben geöffneten Briefen auf Sofas träumen und durch das von einem schwarzen Vorhang halb verdeckte Fenster zum Mond hinaufsehen. Der deutsche Maler Johann Peter Hasenclever hatte ein ähnliches Bild mit einer dunkelhaarigen deutschen Dame bereits zehn Jahre vor *Madame Bovary* gemalt, dem die gleiche kritische Absicht wie Flauberts Roman zugrunde lag: zu zeigen, dass und wie die Flucht aus der Gegenwart in eine Welt des schönen Scheins einen Menschen verblenden und letztlich ins Unglück stürzen kann.

Hat Madame Bovary also nur die falschen Bücher gelesen, wie viele meinen, oder hat sie, auch dies ja eine Möglichkeit, die Bücher falsch gelesen? Wahrscheinlich beides: Sie hat die falschen Bücher noch dazu falsch gelesen. Eine bestimmte Art von Romanen, die wir gewöhnlich als trivial bezeichnen, lädt mehr als andere zu einer identifikatorischen Lektüre ein. Doch Identifikation beim Lesen ist nicht per se etwas Schlechtes; es muss noch etwas anderes hinzukommen; man kann es mit einem ursprünglich religiösen Begriff eine Trägheit des Geistes nennen, der infolgedessen zu Idolatrie, zur Götzenverehrung, neigt.

Marcel Proust hat ein halbes Jahrhundert nach Madame Bovary heilsames von gefährlichem Lesen unterschieden. Heilsam ist seiner brillanten Analyse nach die Rolle des Lesens in unserem Leben, solange es Initiation ist in eine geistige Welt, die uns sonst verborgen bliebe; solange es unseren Geist anregt, dieser sich aber nicht damit begnügt, das Gelesene nachzubeten, sondern es als Impuls zur Selbsttätigkeit nimmt. Gefährlich wird das Lesen hingegen, wenn es sich an die Stelle der eigenen Wahrnehmung und des eigenen Nachdenkens setzt; wenn die Wahrheit uns als etwas Materielles erscheint, »das auf den Seiten der Bücher abgelagert ist wie ein von anderen fertig zubereiteter Honig, den wir nur aus den Regalen der Bibliothek zu nehmen und dann passiv in vollkommener Ruhe des Körpers und des Geistes zu verzehren brauchen«.

»Das Lesen liegt an der Schwelle des geistigen Lebens«, sagte Proust einmal. »Es kann uns darin einführen, aber es ist nicht dieses Leben.« Oder, mit den Worten seines Interpreten Alain de Botton gesprochen: »Selbst die besten Bücher haben es verdient, in die Ecke geworfen zu werden.«

»An jenem Tage lasen wir nicht weiter«

Bücher können Verführer sein. Das hat bereits Dante so gesehen. In der Hölle seiner *Göttlichen Komödie* begegnen wir dem Liebespaar Francesca da Rimini und Paolo Malatesta. Die beiden hatten durch die gemeinsame Lektüre eines Liebesromans zueinandergefunden. Als sie lasen, wie die Königin Guinièvre durch einen intensiven Kuss die Leidenschaft des Ritters Lanzelot entfacht, war es um sie geschehen. »Verführer war das Buch, und der's geschrieben«, erinnert sich Francesca. Und fügt hinzu: »An jenem Tage lasen wir nicht weiter.« Francescas Ehemann ertappte die Liebenden in flagranti und tötete beide. Dass es kein bloßer Seitensprung, sondern wirkliche Liebe war, geht daraus hervor, dass Francesca und Paolo auch unter den Bedingungen der Hölle, als »schwer gequälte Seelen«, nicht voneinander lassen können. Bemerkenswert an Dantes berühmter Erzählung dieser Liebe, die wohl auf eine tatsächliche Begebenheit zurückgeht: Sie ist vollständig auf die Empfindung der Frau konzentriert, die auch als Einzige zu Wort kommt.

Der Purpurpalst der süßen Sünde

Jean-Auguste Dominique Ingres (1780–1867)

Paolo und Francesca, von Giancotto überrascht, 1850
Bayonne, Musée Bonnat

Die Verknüpfung von Buch und Liebeszauber, so legt der Text nahe, scheint etwas spezifisch Weibliches zu sein.

Seit Dantes Wiederentdeckung im 18. Jahrhundert ist diese Episode Dutzende Male gemalt worden, nicht zuletzt in moralisierender Absicht, den so gefährlichen wie gefährdeten, da liebestollen Leserinnen zur Warnung. Der französische klassizistische Maler Jean-August Dominique Ingres hat die Szene mehrfach auf die Leinwand gebracht; hier eine Version aus dem Jahr 1850. Der ganz in Rot gewandeten Francesca entgleitet gerade das Buch aus den Händen, als ihr Paolo den ersten zarten Kuss auf die Wange drückt. Auch hier also ist das Buch der Frau zugeordnet. Hinter dem Vorhang lauert schon der Ehemann, den Degen mordlüstern mit beiden Händen umfassend. Das in vieler Hinsicht heute etwas läppisch anmutende Bild ist insofern bemerkenswert, als es in einigen Elementen das Motiv der Verkündigung an Maria parodiert.

Ein Mond für die Sentimentalen

Der Mond scheint den Beladenen wie den Sentimentalen. Die Beladenen, das sind jene, die hingerissen von den Versprechungen der Liebe ihr zum Opfer gefallen sind. Die Sentimentalen hingegen harren noch sehnsüchtig der Erfüllung dieser Versprechungen und verwenden äußere Anlässe dazu, sich in ihre Empfindung hineinzusteigern. Aller Wahrscheinlichkeit nach werden sie schon bald selbst zu den Beladenen zählen. Das englische Wort »sentimental«, im 18. Jahrhundert mit »empfindsam« übersetzt, erhält im Deutschen später die Bedeutung einer unechten Empfindung, vergleichbar mit dem, was im 18. Jahrhundert »Empfindelei« hieß.

Der deutsche Maler Johann Peter Hasenclever, ein Wegbereiter von Carl Spitzweg und Wilhelm Busch, hat mit seinem Bild die sich im 19. Jahrhundert ausbreitende erotische Sentimentalität aufs Korn genommen. Die mit umflortem Blick zum Mond aufschauende junge Frau befindet sich in einem aufgelösten Zustand, wie das wirre Haar und das über die mondbeschienene Schulter herabgerutschte Kleid bezeugen. Den Grund dafür liefern vier Gegenstände, die entlang einer Diagonale aufgereiht sind, welche neben jener verläuft, die das Gesicht der Frau und der Mond bilden.

Johann Peter Hasenclever (1810–1853)

Die Sentimentale, 1846
Düsseldorf, museum kunst palast

Beginnen wir rechts oben: Dort hängt, goldgerahmt, der flotte Husar an der Wand, von dem sich die Frau die Erfüllung ihrer Sehnsüchte erwartet. Von ihm stammt vermutlich der Brief, der im Rücken der Frau auf dem Tisch liegt und mit den Zeilen »Innigst geliebte Fanny« beginnt. Direkt neben dem Brief befindet sich ein aufgeschlagenes Buch, vor der Frau am Fenster ein weiteres, dieses mit einer Rose dekoriert. Das Buch auf dem Tisch bezeichnet den Ursprung der modernen erotischen Empfindsamkeit: Es ist Goethes *Die Leiden des jungen Werthers*. Der Frau allerdings näher ist das andere Buch, Heinrich Claurens *Mimili*, das, 1816 erschienen, mit allen Mitteln, die der Trivialliteratur zu Gebote stehen, die Geschichte der Verführung eines Schweizer Bergbauernmädchens durch einen hochdekorierten deutschen Offizier erzählt. Hasenclevers Bild berichtet so auch vom Wandel eines Gefühls: Das Zeitalter kehrt der Empfindsamkeit den Rücken und guckt in den Mond, ergibt sich der Sentimentalität. *Der Mann im Mond* oder *Der Zug des Herzens ist des Schicksals Stimme* hat Wilhelm Hauff seine 1825 erschienene Parodie von Claurens Erfolgsroman betitelt, den er, dem sentimentalen Literaten zum Spott, sogar unter dessen Namen veröffentlichte.

Sir John Lavery (1856–1941)

Miss Auras (Das rote Buch), undatiert
Privatsammlung

Von der Sinnlichkeit des Lesens

Zwei Studien in Grautönen (auf dieser und der folgenden Doppelseite), die erste davon mit einem markanten roten Buch, dessen Farbe mit dem Rot der Lippen der attraktiven jungen Frau korrespondiert. Diese Entsprechung macht aus der Lektüre einen sinnlichen, erotischen Akt. Mit dem Modell, einer Miss Mary Auras, hatte der Gesellschaftsmaler John Lavery einige Jahre zuvor in Berlin Unter den Linden Bekanntschaft geschlossen. Die damals noch Sechzehnjährige gehörte schon bald zu seiner Entourage und stand ihm auch Modell für eines seiner berühmtesten Bilder, *Printemps*, das sie ganz in duftiges Weiß gehüllt zeigt, mit einem opulenten Strauß weißer Apfelblüten im Arm. Laverys Ziel als Maler war weniger, seine Figuren psychologisch zu durchdringen, als eine Vision weiblicher Schönheit zu schaffen, die, wie hier eindrücklich zu sehen ist, Klugheit keineswegs ausschließen muss.

Träumereien im Bade

Dem belgischen Maler Alfred Stevens, der sich mit der Zeit nicht weniger als Lavery auf Salonstücke spezialisiert hatte, gelingt es in seinem Bild, eine realistische Szene sinnlich, poetisch aufzuladen. Es vermittelt eine äußerst erotische Stimmung mit einem Minimum an Nacktheit. Eine junge Frau liegt in einer geschwungenen Zinkwanne. Das noch aufgeschlagene Buch hat sie gerade aus der Hand gelegt und sinnt träumerisch dem Gelesenen nach. In der rechten Hand hält sie die Rose der Schönheit, der Liebe, aber auch der Wandelbarkeit – die Blüten zeigen nach unten. Einen leichten Zug ins Skurrile bekommt die Szenerie durch den bizarren Wasserhahn in Form eines Entenkopfes, der von der Seifenmuschel daneben um das weibliche Element ergänzt wird. Nimmt man noch die gar nicht dorthin gehörende Uhr hinzu, so wissen wir, wovon das Buch handelt und worüber die Frau nachsinnt – die Vergänglichkeit jedes und insbesondere ihres Liebesglücks.

Alfred Stevens (1817–1875)

Das Bad, um 1867
Paris, Musée d'Orsay

Federico Faruffini (1833–1869)

Lesende Frau, undatiert
Mailand, Galleria d'Arte Moderna

Foscas Welt

Als wäre er geführt worden von dem lang ausgestreckten Arm der jungen Frau, der auf der Lehne eines mit rosaroter Seide bezogenen Sofas ruht, hat der Maler ein betont längliches Format für sein Bild gewählt. In der Hand hält die ein wenig fahl und übernächtigt aussehende Lesende eine vor sich hin glimmende, selbst gedrehte Zigarette. Vor ihr auf dem Tisch sind in großer Zahl Bücher ohne jede Ordnung ausgebreitet. Dazu kommen noch ein Glas mit einem Stiefmütterchen, eine unangezündete Kerze und eine Karaffe, welche einen farblosen Schnaps oder Likör enthalten dürfte. Es ist eine Szene aus dem Leben der Boheme, wie sie etwa auch in den 1851 erschienenen gleichnamigen Roman von Henri Murger gepasst hätte.

Die Leserin ist mittlerweile das bekannteste, auf jeden Fall das am häufigsten reproduzierte Gemälde des italienischen Malers Federico Faruffini, dessen Bilder den steinigen Weg Italiens in die Moderne reflektieren. Zu Lebzeiten hatte der Maler es niemals ausgestellt, und erst im Jahr 1936 erhielt es eine Besprechung, die es als Stillleben mit Frau verstanden wissen wollte. Die Bücher hätten den Maler ausschließlich ihrer Farbe und Form wegen gereizt, meinte der Kritiker. Später fand man das Bild vor allem als Zeugnis aus dem

Privatleben des Malers interessant und vermutete dahinter eine Liebesgeschichte. Mehr verfängt da schon der Hinweis auf *Fosca*, einen Roman des italienischen Schriftstellers Iginio Ugo Tarchetti, der zum Umkreis der Künstlergruppe »La Scapigliatura« (von italienisch »scapigliare« = die Haare zerzausen) gehörte, die einen bohemeartigen Lebensstil und eine Erneuerung der Kunst propagierte. *Fosca* erzählt von der Liebesbeziehung eines jungen Offiziers zu einer kränklichen, unattraktiven Frau. Obwohl sie ihn anfangs sogar zurückweist, unterliegt er mehr und mehr ihrem morbiden Charme. Diese Fosca ist eine eifrige Leserin: Sie »verschlingt die Bücher, ist ein Bücherwurm, liest, wie unsereins raucht«. Zudem ist das Leitmotiv des Romans eine täglich erneuerte Blume in einem Glas. So spricht mehr als der bloße Augenschein dafür, dass Faruffini mit seiner Leserin eine moderne, zumindest unkonventionelle Frau ins Bild gehoben hat, und dies nicht etwa mit erhobenem Zeigefinger, sondern als liebevolle Huldigung.

Professionelle Leserinnen

Vor dem Lesen war das Vor-Lesen. An der Wiege jeder glücklichen Leserin und jedes glücklichen Lesers sitzen die erzählende Mutter, der vorlesende Vater oder andere, die spannenden, tröstenden oder witzigen Geschichten und Versen ihre Stimme leihen. Lesen beginnt, wie die Leseforscherin Maryanne Wolf sagt, wenn man ein kleines Kind auf den Schoß nimmt und ihm vorliest.

Die Priorität des Vor-Lesens gilt aber auch kulturgeschichtlich: Dem stillen, zurückgezogenen Lesen ging das laute, im Regelfall in Gemeinschaft ausgeübte Lesen voraus. Die Verse der Dichterin Sappho und ihrer Zeitgenossen waren dazu gemacht, rezitiert und vernommen, nicht still gelesen zu werden. Im Römischen Reich war es Brauch, sich, der Familie und den Freunden, bei Tisch vorlesen zu lassen. Vor der Erfindung des Buchdrucks, in einer Zeit, wo Analphabetentum der Regelfall war, bot der öffentliche Auftritt eines Vorlesers oftmals die einzige Möglichkeit, zu Büchern in eine Beziehung zu treten. Im 14. Jahrhundert ließ sich die Gräfin Mahaut von Artois zur Abendunterhaltung stets von ihrer Hofdame vorlesen, wonach ihr gerade der Sinn stand; war sie auf Reisen, wurde die Bibliothek in großen Ledertaschen mitgeführt. Wenige Jahrzehnte später bildeten sich bereits die ersten Lesezirkel *avant la lettre*: Dokumentiert ist, dass sich Frauen aus der Nachbarschaft in langen Winternächten regelmäßig in der Spinnstube trafen, um sich beim Spinnen abwechselnd Buchpassagen über Liebe, Ehe und die sozialen Verhältnisse vorzulesen und zu erörtern. Ein wichtiges Thema waren dabei die Schmähschriften, in denen Männer das andere Geschlecht grundlos anklagten. Aus dieser Tradition entwickelten sich die weiblichen Salons des 17. und 18. Jahrhunderts, wie derjenige der Madeleine de Scudéry, wo über Bücher diskutiert und eine weibliche Sicht auf die Welt artikuliert wurde.

Mitte des 19. Jahrhunderts ließ sich die Fürstin Mathilde von Schwarzburg-Sondershausen auf ihrem Sommersitz, dem schwäbischen Jagdschloss Friedrichsruhe, von ihrer Gesellschafterin Eugenie John Romane aus der zeitgenössischen Produktion vorlesen. Eugenie hatte eine schöne, schmelzende Stimme, hatte ihren Beruf einer fürstlichen Kammersängerin aber wegen eines sich einstellenden Gehörleidens aufgeben müssen. Ihre Tätigkeit als fürstliche Vorleserin bedeutete indes eine gute Vorschule für einen weiteren Karriereschritt der Kaufmannstochter. Unter dem Pseudonym E. Marlitt erschien in der Familienzeitschrift *Die Gartenlaube* 1865 eine erste Novelle von Eugenie John, im Jahr darauf ihr erster Roman, *Goldelse*, der sofort zu einem großen Erfolg wurde und Eugenie John Marlitt nicht nur zur Starautorin der *Gartenlaube*, sondern zur weltweit ersten Bestsellerautorin machte, durch deren Fortsetzungsromane sich die Abonnentenzahl der Zeitschrift von hunderttausend auf vierhunderttausend steigerte.

Mitte der 1990er-Jahre rief die von der Universität Teheran verwiesene iranische Literaturprofessorin Azar Nafisi in ihrer Privatwohnung einen geheimen weiblichen Zirkel ins Leben, um verbotene westliche Klassiker zu lesen und so die eigene Realität zu hinterfragen. Azar Nafisi hat darüber ein Buch geschrieben, *Lolita lesen in Teheran*, das zu einem Weltbestseller wurde. Dabei liegt die Pointe des Buches darin, dass sich die Sprengkraft von Literatur vor allem dort erweist, wo sie nicht zu einer schlichten Gebrauchsanweisung für ein richtiges Leben taugt. Nicht zuletzt im Gefolge dieses Buches entstanden vorwiegend weiblich besetzte Literaturkreise gerade auch in der westlichen Welt. Nach einer Phase, in der Lesen vor allem eine einsame und stille Beschäftigung war, entdeckt unsere Zeit die Attraktivität des gemeinsamen und lauten Lesens wieder.

Marguerite Gérard (1761–1837)
und **Jean-Honoré Fragonard** (1732–1806)

Die Vorleserin, um 1788
Cambridge, Fitzwilliam Museum,
University of Cambridge

Vorleserin
mit Haltung

Ein bezaubernder Roman des französischen Schriftstellers Raymond Jean erzählt die Abenteuer von Marie-Constance G., vierunddreißig Jahre alt, die in einer kleinen südfranzösischen Stadt lebt und nach einer Beschäftigung sucht. Ausgestattet mit einer wohlklingenden Stimme, beschließt die ehemalige Literaturstudentin, eine Anzeige in die Zeitung am Ort zu setzen: »Junge Frau kommt zum Vorlesen ins Haus. Texte nach Wahl: Romane, Sachbücher u. a.« Dahinter die Telefonnummer. Ihr erstes Engagement lässt nicht lange auf sich warten, weitere, zum Teil haarsträubende folgen. Marie-Constance ist Vorleserin geworden.

Nicht zuletzt durch die Verfilmung des Romans mit der Schauspielerin Miou-Miou in der Hauptrolle hat es der in Europa beinahe ausgestorbene Beruf der Vorleserin wieder zu einigen Ehren gebracht. Dabei handelte es sich um ein ehemals durchaus angesehenes Gewerbe, da es neben guten Umgangsformen und eben einer angenehmen Stimme auch eine umfassende literarische Bildung voraussetzte. Damen der Gesellschaft, die es sich leisten konnten, ließen sich lieber vorlesen, als dass sie sich der einsamen und stillen Lektüre hingaben. Erst die Frauen aus dem Bürgertum entwickelten dafür ein Faible, auch wenn es mitunter für unschicklich gehalten wurde, sich auf diese Weise zurückzuziehen. Ließ sich die Dame hingegen vorlesen, hatte das den Vorteil, dass sie sich nebenbei noch der Handarbeit widmen konnte – und vor allem war der Lektürestoff der sozialen Kontrolle unterworfen.

Diderot hat beobachtet, dass beim Vorlesen die Beteiligten wie Tänzer ihre Bewegungen synchronisieren: »Ohne dass es einem der beiden bewusst wird, nimmt der Vorleser eine Haltung an, die ihm als die angemessenste erscheint, und der Zuhörer tut es ihm gleich« – so ein wenig auch auf diesem Bild, das erlesene Seide, kostbare Möbel und ein intensives Licht zu einem zauberhaften Interieur mixt. Gemalt hat es Marguerite Gérard, eine Schwägerin des königlichen Hofmalers Jean-Honoré Fragonard. Er hatte auch die jüngere Schwester seiner Frau in Paris zur Malerin ausgebildet. Marguerite tat es den holländischen Genremalern des 17. Jahrhunderts gleich und entwickelte eine Vorliebe für intime, häusliche Szenen, mit denen sie vor, während und auch nach der Revolution von 1789 großen Erfolg hatte.

Rede und Antwort

Glücklich der Erwachsene, der sich bei diesem Bild nicht mit einem Gefühl der Scham und Beklemmung an Episoden des Schreckens aus Kindertagen erinnert. Seitdem Eltern wieder verstärkt auf optimale Schulleistungen ihrer Sprösslinge achten, im Vermeinen, sie auf diese Weise auf das harte Erwerbsleben vorbereiten zu müssen, dürften sich solche Szenen auch wieder häufiger in Elternhäusern abspielen. »Verhör« meinte seinerzeit nicht nur die eingehende Befragung zur Klärung eines Sachverhalts, sondern auch das Abprüfen von Lernstoff, etwa Vokabeln oder Grammatikregeln.

Ob es sich bei der »Verhörerin« auf diesem Bild um die Mutter des Kindes oder seine Privatlehrerin handelt, wissen wir nicht. Doch der Maler hat es geschafft, dass wir die bedrohliche Präsenz der Examinierenden zu spüren meinen, die in ihrem dunklen, leicht angehobenen Kleid dem Kind wie eine gestrenge Riesin gegenübertritt, obwohl die Größenverhältnisse stimmen. Das Mädchen hingegen, das in einer Mischung aus Verlegenheit, Hilflosigkeit und Beschämung zu Boden blickt, scheint auf ein Nichts reduziert zu sein, so wie man sich halt fühlt in Prüfungssituationen, in denen sich die eigene Unfähigkeit erweist. Mit seiner linken Hand hält es noch das Springseil, mit dem es sich wohl lieber beschäftigt hatte als mit dem Pauken des aufgegebenen Stoffes. Der kleine orangefarbene Ball ist ihm weggenommen worden, und statt der Spielzeuge bestimmt nun das Buch zusammen mit der Autorität derjenigen, die es in der Hand hält, das Geschehen. Bei aller Liebe zum Buch und auch in Anbetracht der befreienden Wirkung, die Lesen haben kann, sollten wir nicht vergessen, dass es über Jahrhunderte ein Symbol der Macht war, das vielen Angst einjagte und sie an die Schläge erinnerte, die immer dann auf sie niederprasselten, wenn eine mit Buch und Stock bewaffnete Autoritätsperson sich vor ihnen aufbaute und sie wieder einmal versagten.

Thomas Armstrong (1835–1911)

Das Verhör, undatiert
London, Roy Miles Fine Paintings

Professionelle Leserinnen

Zwei Diven auf dem Sofa

Julius LeBlanc Stewart war ein amerikanischer Gesellschaftsmaler in Paris, dem man den Spitznamen »der Pariser aus Philadelphia« verliehen hatte. Dieses großformatige Bild zweier Damen, die einander vorlesen und sich über das Gelesene austauschen, sprengt in keiner Weise die Konventionen der Gesellschaftsmalerei. Heute könnte es das Werk einer anspruchsvolleren Society-Fotografin wie Annie Leibovitz sein und würde von *Vogue* oder *Elle* gedruckt. Zu einem Ereignis wird es jedoch dadurch, dass es die berühmteste Schauspielerin ihrer Epoche, Sarah Bernhardt (1844–1923), und die gefeiertste Opernsängerin ihrer Zeit, die Schwedin Christine

Nilsson (1843 – 1921), zu einem künstlerischen und kommunikativen Gipfeltreffen auf dem Sofa zusammenbringt.

Die Schauspielerin und die Opernsängerin waren etwa gleich alt und sind einander in Paris mehrfach begegnet. Vor allem aber verband sie die Rolle der Kameliendame, mit der sie beide berühmt geworden waren. Die Kameliendame, so genannt nach dem von ihr bevorzugten Blumenpräsent, überreichte Männern eine Kamelie und erlaubte ihnen, sie aufzusuchen, sobald sie verblüht war – eine Einladung zur Liebe. In der Realität hieß die Kameliendame Marie Duplessis und war eine Putzmacherin sowie eine der begehrtesten Kurtisanen ihrer Zeit, der Alexandre Dumas der Jüngere noch in jungen Jahren begegnete. Dumas machte daraus erst einen Roman und nach dessen Erfolg ein Theaterstück, das 1852 seine Premiere in Paris erlebte. Er verwandelte Marie in die ehrbare Dirne Marguerite Gautier, die einem jungen Mann aus gutem Hause die Expedition in eine erotische Wunschwelt ermöglicht, ihm zuliebe dann ihr leichtes Leben aufgibt, um sich schlussendlich sogar der Moral der ehrbaren Familie zu opfern, die keine ehemalige Kurtisane in ihren Kreisen duldet. In Giuseppe Verdis wiederum nur ein Jahr später uraufgeführter Oper *La Traviata* heißt die Kameliendame dann Violetta Valéry, und in dieser Rolle debütierte die gerade einundzwanzigjährige Christine Nilsson nach ihrer Ankunft in Paris. Von 1880 an gab Sarah Bernhardt die Kameliendame wieder und wieder auf der Bühne bis ins hohe Alter und spielte die Rolle sogar noch 1911 in einer Verfilmung des Stoffes.

Julius LeBlanc Stewart (1855 –1919)

Sarah Bernhardt und Christine Nilsson, 1883
Privatsammlung

Colette und Gigi

Bevor aus der zur Balletttänzerin ausgebildeten, damals noch gänzlich unbekannten Audrey Hepburn (1929–1993) die große Hollywood-Schauspielerin wurde, machte sie für ein halbes Jahr Station am Broadway und spielte und tanzte dort die Titelrolle in der Boulevard-Komödie *Gigi* nach dem gleichnamigen Roman der französischen Schriftstellerin Colette (1873–1954). Das war im Jahr 1951, und Colette saß damals schon im Rollstuhl. Als ihr dritter, um dreizehn Jahre jüngerer Ehemann Maurice Goudeket die weltberühmte Schriftstellerin durch die Halle des Hôtel de Paris in Monte Carlo schob, wo gerade ein Film gedreht wurde, soll sie eine bezaubernde junge Schauspielerin bemerkt haben, die fließend vom Französischen ins Englische fiel (Audrey Hepburn war die in Belgien geborene Tochter eines englischen Bankiers und einer niederländischen Baronin). Ohne Zögern erklärte Colette, sie habe »unsere Gigi für Amerika« gefunden. Das Stück wurde ein Sensationserfolg und verschaffte der Anfang Zwanzigjährigen ihre erste Hauptrolle in einem Hollywood-Film an der Seite von Gregory Peck, der Filmromanze *Roman Holiday* (*Ein Herz und eine Krone*) von William Wyler.

Zerbrechlich, jung und von großer Ausstrahlung, war die Kindfrau Audrey Hepburn eine ideale Verkörperung der knabenhaften Gigi. Der Roman handelt von der Rettung eines jungen Mädchens durch die Liebe. Von ihren Erzieherinnen dazu bestimmt, das lukrative Leben einer Kurtisane zu führen, macht ihr ausgerechnet jener Mann einen Heiratsantrag, zu dessen Mätresse sie ausersehen war, und das, nachdem sie

sich erst dagegen verwahrt, es sich dann aber doch anders überlegt hat. Schon 1942, bei seinem Erscheinen, hatte *Gigi* die Leser aus dem Zweiten Weltkrieg zurück in bessere Zeiten versetzt, nämlich die Belle Époque um 1900.

Bevor Audrey Hepburn nach New York zu den Proben abreiste, suchte sie die Schriftstellerin in ihrer Pariser Wohnung im Palais Royal auf. Bei dieser Gelegenheit entstand dieses Foto: Colette liest Audrey Hepburn eine Passage aus den Erinnerungen Jacques Porels an seine Mutter, die Schauspielerin Gabrielle-Charlotte Réju, genannt Réjane, vor, die mit Sarah Bernhardt seinerzeit um den Titel der größten Schauspielerin der Belle Époque wetteiferte.

Audrey Hepburn & Colette, 1951

Paris, Rue des Archives

Leserinnen im Aufbruch

Über Jahrhunderte waren Frauen auf eine eigene Art des Reisens festgelegt, die Xavier de Maistre, einer der großen Unbekannten der französischen Literatur, »voyages autour de ma chambre« genannt hat – Zimmerreisen. Wenn Frauenzimmer auf Reisen gingen, dann in der Regel fiktiv, in der eigenen Stube sitzend, die Welt auf Bücherseiten erkundend. Die deutsche Schriftstellerin Sophie LaRoche beschrieb eine solche Zimmerreise gar selbst in ihrem 1799 erschienenen 850-Seiten-Werk *Mein Schreibetisch*. Als ihr Plan einer Italienreise scheiterte, hatte sie daraufhin die ersehnte Reise auf dem Papier unternommen, in der Hoffnung, »daß Wünsche und Entwürfe schon an sich Genuß sind, weil gewöhnlich durch dieses Aufschreiben, das mit Ungeduld verbundene Begierige ... sich in ruhiges Warten verwandelt«. Schreiben und Lesen werden oftmals zum Beruhigungsmittel angesichts unerfüllt bleibender Träume.

Eine Form der tatsächlichen Mobilität stand Frauen allerdings bereits im Mittelalter offen: die Pilgerfahrt. Zwischen dem 12. und 15. Jahrhundert waren, so schätzen Historiker, zwanzig bis fünfzig Prozent der erwachsenen Bevölkerung in Europa unterwegs, um eine der rund zehntausend Pilgerstätten aufzusuchen, fast die Hälfte davon Frauen. Von einer Pilgerin stammt der erste bekannte Reisebericht – das *Itinerarium* der Egeria, niedergeschrieben im 4. Jahrhundert –, und auch die älteste Autobiografie in englischer Sprache hat eine Pilgerin als Urheberin: Im Jahr 1413 begab sich die vierzigjährige Kaufmannsgattin Margery Kempe nach zwanzig Ehejahren allein nach Jerusalem. Ihre Erinnerungen diktierte die des Lesens und Schreibens unkundige Frau im Alter von ungefähr sechzig Jahren einem Priester.

Im 18. Jahrhundert, dem »Goldenen Zeitalter des Reisens« in Europa, wuchs die Zahl der Reisenden, die sich nicht mehr aus religiösen Gründen, sondern getrieben von Wissensdurst und Fernweh zum Zwecke der Bildung und zum Vergnügen in die weite Welt aufmachten. Zunehmend stellte sich nun auch die Frage, »ob und wie Frauenzimmer reisen dürfen« – so etwa formuliert in der Schrift *Apodemik oder die Kunst zu reisen* eines Franz Ludwig Posselt. Die in der Regel negative Antwort, die in dem Satz »Vom gereisten Frauenzimmer hält man nicht viel« sogar sprichwörtlichen Charakter annahm, zeigt, dass die Überwindung religiöser Legitimation nicht immer auch einen Emanzipationsgewinn für die Frauen darstellte. Nicht wenige Schriften gingen so weit, Frauen aufgrund ihrer Natur die Fähigkeit zu reisen grundsätzlich abzusprechen. Ihre lebhafte Einbildungskraft und Emotionalität, ihr Mangel an Selbstständigkeit und Charakterfestigkeit mache das Reisen insbesondere für junge Damen zu einer gefährlichen Angelegenheit: Frauen, die reisen, sind gefährdet und gefährlich!

Es wiederholen sich hier die gegen das Lesen vorgebrachten Argumente: Lesen wie Reisen verschaffen Distanz zur Herkunft, sie führen zu geistiger und das Reisen zusätzlich zu körperlicher Bewegungsfreiheit, bahnen Wege aus der eingehegten und beschränkten Sphäre des Hauses und der Familie in neue, unbekannte, offene Welten. Lesen wie Reisen sind Formen von Mobilisierung und beflügeln sich gegenseitig: Lesen konfrontiert mit unbekannten Erfahrungen und Gedanken und macht neugierig auf alternative Formen des Lebens; Reisen bedeutet, den bislang bekannten Horizont tatsächlich zu überschreiten, und verschafft Welt- und Menschenkenntnis. Zugleich regt es die Mitteilungsfreudigkeit an, wie die in großer Zahl seit dem 18. Jahrhundert entstandenen Reisetagebücher und -berichte beweisen, die wiederum sehr viele Leser und Leserinnen fanden.

Viele Frauen stellten übereinstimmend fest: Lesen und Reisen »muss man, um zu leben«; beides sind Weisen, sich selbst in Besitz zu nehmen, und ergänzen darin einander. Die Schriftstellerin Fanny Lewald hat uns in ihrer *Lebensgeschichte* überliefert, welche »Seelenbefreiung« sie empfand, als sie 1832, kurz nach ihrem einundzwanzigsten Geburtstag, das erste Mal ihre Familie und ihr Heim für eine Reise verließ: »Und wie ich an dem Morgen bei unserer Abfahrt von Breslau geistig Besitz genommen von der schönen Welt, so nahm ich nun Besitz von mir selbst. Die Zeit meiner Hörigkeit war vorüber, die Zeit meiner Freiheit dämmerte vor mir auf! Ich hatte es in meiner Hand, was ich aus meiner Zukunft machen wollte.«

Sir William Orpen (1878–1931)

Grace reading at Howth Bay, undatiert
Privatsammlung

Strandlektüre

Eine jüngere Frau, in einem langen, gleichwohl sommerlichen weißen Kleid, steht am Meer und liest in einem kleinformatigen roten Buch, das sie in der rechten Hand hält. Der Wind scheint so stark zu sein, dass der Körper der Frau leicht nach hinten gedrückt wird; mit der anderen Hand hält sie ihren Hut fest, damit er nicht fortgetragen wird. Trotzdem gilt die Aufmerksamkeit der Frau ausschließlich der Lektüre, und weder dem Wind noch dem Meer, noch dem felsigen Strand der sie umgebenden Wirklichkeit.

Haben der Akt des Lesens und die Umgebung, in der er stattfindet, also gar nichts miteinander zu tun? Gerade eine solche Trennung scheint dieses schöne, in impressionistischer Manier gemalte Bild des irischstämmigen britischen Malers William Orpen jedoch infrage stellen zu wollen. Die lesende Frau widersteht den elementaren Kräften der Natur um sie herum und liefert sich ihnen gleichermaßen aus, schmiegt sich ihnen förmlich an. So wird die Lektüre gewis-

sermaßen zum Echo des unaufhörlich wehenden Windes. Man möchte beinahe sagen, die Frau liest hart am Wind.

Die Buchlektüre, die einst am Tisch in der Studierstube und später auch im Sessel stattfand, bahnte sich seit der Epoche der Aufklärung den Wege ins Freie. Schon Mitte des 18. Jahrhunderts berichtete ein deutscher Reisender aus Paris, dass man in der Stadt und ihrer Umgebung auf Schritt und Tritt auf Leser treffe, die alle passenden und unpassenden Gelegenheiten dazu nutzten, sich in ein Buch zu vertiefen: in der Kutsche, im Theater, im Café, im Bad, in den Läden beim Warten auf Kundschaft, beim Flanieren auf den Straßen oder in den Parks.

Leserinnen im Aufbruch

Wenn junge Damen reisen

Kaum dass sie ihr Abteil betreten hatten, zogen sie die Sonnenblenden herunter und lümmelten sich in die Polster … Sie hatten französische Romane, Zitronen und Würfelzucker dabei, um sich die Zeit zu vertreiben«, mokierte sich der englische Schriftsteller und Kunstphilosoph John Ruskin

1872 über die Ignoranz zweier Amerikanerinnen, denen er im Zug von Venedig nach Verona begegnet war.

Was wie eine Vorwegnahme auch heute noch zu hörender europäischer Kritik an amerikanischen Reisesitten klingt, wurde reiselustigen jungen Damen Mitte des 19. Jahrhunderts indessen aufs Wärmste empfohlen: Bücher, so liest man etwa in einem englischen Ratgeber für Mütter und Töchter, eignen sich hervorragend als Leibwächter (»bodyguards«) für die Frau unterwegs. »Artigkeiten sollte man höflich erwidern. Generell aber gilt, dass ein Buch das sicherste Mittel für ein männlichen Schutz entbehrendes Frauenzimmer ist.« Derselbe Ratgeber warnte auch davor, während der Zugfahrt die Landschaft zu betrachten, da dies gewöhnlich zur Verwirrung von Augen und Kopf führe.

Solche Ratschläge befolgend, würdigen die beiden jungen Engländerinnen in Augustus Eggs Gemälde die Riviera vor ihrem Zugfenster keines Blickes. Sie reisen, als würden sie das Zimmer, in dem sie sich gewöhnlich aufhalten, noch jetzt mit sich führen. Ohne jede Lust am Abenteuer bleiben sie gegen die Berührung mit der fremden Außenwelt im sicheren Gehäuse der Behaglichkeit abgeschottet. Das Buch hat die Macht, unsere Aufmerksamkeit von den Attraktionen der wirklichen Welt abzuziehen. Am Ziel ihrer Reise, in Florenz oder wo auch immer, angekommen, werden sie dort nichts anderes als das wiederfinden, was ihre Bücher ihnen bereits vorgestellt haben.

Augustus Leopold Egg (1816–1863)

The Travelling Companions, 1862
Birmingham Museums and Art Gallerys

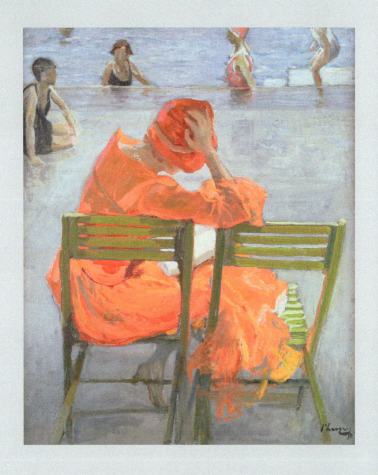

Sir John Lavery (1856–1941)

Girl in a red dress reading by a swimming pool, 1887
Privatsammlung

Laverys
kleine Farbenlehre

Das Rot des Einbandes so vieler Bücher, die seit dem Mittelalter auf Gemälden auftauchen, ist auf diesem Bild John Laverys zur Farbe der Leserin selbst, ja der weiblichen Lektüre insgesamt geworden. Und hat dabei eine Aufhellung ins Orangefarbene und ins Lichte erfahren: Es leuchtet und scheint alles Opake abgelegt zu haben. Seine Essenz ist die Leichtigkeit eines Sommertags am Pool.

Anders als bei der Mehrzahl der Säugetiere, reagiert das Auge des Menschen auf die Farbe Rot extrem empfindlich. In den meisten Sprachen ist »rot« die früheste Farbbezeichnung. Die gängigsten Assoziationen zur Farbe Rot sind Liebe, Erotik und Leidenschaft, bei Orangerot auch Hitze und Energie. Laverys Bild bringt das leuchtende Orangerot des Kleides und des Hutes der Frau zum einen in Verbindung mit dem Lichtblau des Wassers und des Bodens am Rand des Pools und zum anderen mit dem Lindgrün der beiden Gartenklappstühle, die so gar nichts Massives haben. Alles in diesem Bild tendiert zur Leichtigkeit, zur Aufhebung jener Erdenschwere, die uns oft so peinlich berührt.

So wird das Bild zur Darstellung einer ganz weltlichen, sinnlichen Form von Transzendenz. »Man fühlt sich federleicht und glaubt, in Lust dahinzufließen«, hat der deutsche Schriftsteller Christoph Martin Wieland gedichtet. Er verband diese Stimmung im Vorgriff auf die Romantik mit Mondnächten, die uns die Geisterwelt aufzuschließen scheinen. Bei dem Iren John Lavery, der immer wieder ausgedehnte Reisen ans Mittelmeer und durch Nordafrika unternahm, der sich winters gerne in Tanger aufhielt und die letzten Jahre seines Lebens in der exzessiven Hitze und dem blendenden Licht von Palm Springs verbrachte, verbindet sich die Aufhebung der Erdenschwere nicht mit Mond und Nacht, sondern mit der Wärme der Sonne und der Helligkeit des Südens. Lesen ist hier eine Reise ins südliche Licht, das der Vernunft spotten mag, aber das Leben verklären kann.

Modern Girl

Der Wunsch, sich davonzustehlen, mit einem Buch unter dem Arm, in der Hoffnung, ein Plätzchen zu finden, an dem man ungestört lesen kann – das ist ein immer wiederkehrender Wunsch vieler leidenschaftlicher Leserinnen und Leser. Die junge Frau auf diesem Bild, die sich unter einer stilisierten herbstlichen Kastanie davonschleicht, hat wohl zusätzlich ein besonderes Motiv: Das Buch, das sie unter den Arm geklemmt mit sich führt, gehört vermutlich zu jenen Lektüren, die man seinerzeit als unschicklich für eine Dame hielt. Der Maler hat auf der Wiese am linken Rand des zwei Meter hohen und einen Meter breiten Bildes noch gut sichtbar einen Hirsch mit prächtigem Geweih sowie mehrere Hirschkühe platziert. Im Herbst ist Paarungszeit beim Rotwild.

Weit mehr als das unter den Arm geklemmte Buch dürfte allerdings der Gang der schick gekleideten jungen Dame – nach vorne geneigt, mit nach hinten gewölbtem Gesäß – die Aufmerksamkeit der Betrachter erregt haben. Um schneller voranzukommen, rafft sie ihre Röcke. Mit ihrem Zopf, der stark geschminkten Augenpartie sowie dem hervorschauenden Petticoat ähnelt sie zeitgenössischen Karikaturen des »modern girl«, von dem es schon damals hieß, man wisse nicht so genau, was an ihm noch »real« sei. Kokett schaut die Davoneilende sich um, als wolle sie sich vergewissern, dass niemand ihr folgt, und zugleich die Reaktion beobachten, die ihre Erscheinung auslöst.

Ungefähr seit 1876 begann eine geheimnisvolle, attraktive junge Dame auf den Gemälden des in Nantes geborenen Malers Jacques Joseph Tissot aufzutauchen, der 1871 nach London emigriert war und seinen Vornamen in James geändert hatte. Diese Dame ist auch auf diesem Bild zu sehen. Ihr Vater, ein irischer Offizier, hatte Kathleen bereits mit siebzehn Jahren nach Indien geschickt, damit sie dort einen gewissen Isaac Newton ehelichte. Während der Überfahrt verliebte sich Kathleen indes in einen Kapitän Palliser, was sie ihrem Mann jedoch erst nach der Hochzeit gestand. Seine Antwort war die sofortige Scheidung. Am Tag ihrer Rückkehr nach England gebar Kathleen eine uneheliche Tochter, deren Vater wohl Palliser war. Der Vater ihres zweiten unehelichen Kindes könnte bereits Tissot gewesen sein. Mit ihren beiden Kindern lebte sie ab 1876 bei Tissot in London – nach damaliger Auffassung ein Skandal.

Jacques Joseph (James) Tissot (1836–1902)

Oktober, 1877
The Montreal Museum of Fine Arts

Leserinnen im Aufbruch

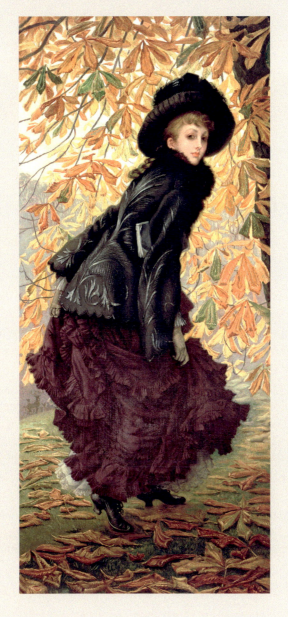

Edward Hopper (1882–1967)

Hotel Lobby, 1943
Indianapolis Museum of Art

Dichte Augenblicke

Die Bilder des amerikanischen Malers Edward Hopper erinnern den Betrachter an Film Stills, an Standfotos aus Filmen. Hopper war wie die meisten seiner Zeitgenossen ein begeisterter Kinogänger, insbesondere das Genre des Film noir hatte es ihm angetan. Seine Gemälde wiederum haben zahlreiche Filmregisseure, Kameraleute und Fotografen beeinflusst, darunter etwa Alfred Hitchcock, Robert Frank und Wim Wenders.

Die Schauplätze von Hoppers Bildern sind häufig die zeitlich begrenzten Aufenthaltsorte des modernen Lebens: Hotels, Bars, Zugabteile, Restaurants, Tankstellen, nicht zuletzt Büroräume. (Würde Hopper heute malen, bevorzugte er vermutlich Nicht-Orte wie Flughafenterminals und Shoppingmalls.) Die Menschen auf seinen Bildern verschanzen sich nicht selten hinter einer zur Schau getragenen Aura der Teilnahmslosigkeit, wie die meisten von uns sie an solchen Orten an den Tag legen. Auffällig: Viele unter ihnen, mit wenigen Ausnahmen ausschließlich Frauen, lesen. So die auf der Bettkante sitzende, einen Fahrplan studierende Frau des Bildes *Hotelzimmer* (1931), die ältere, ein Buch lesende Frau

von *Hotel am Bahndamm* (1952), die in ein Programmheft vertiefte Frau aus *Parkett, zweite Reihe rechts* (1927) und natürlich auch die entspannt dasitzende, in die Lektüre versunkene blonde Dame auf unserem Bild.

Viele Interpreten haben in diesen einerseits konzentrierten, andererseits unbeteiligt wirkenden Leserinnen auf Hoppers Bildern Chiffren der Einsamkeit und der Isolation des modernen Menschen sehen wollen. Eigene Aussagen Hoppers, der selbst sehr belesen war, legen hingegen etwas anderes nahe. Danach spiegelt sich in der aufmerksamen Neutralität seiner Leserinnen das Geheimnis seiner Kunst wider: unser Bild von der Realität zu intensiven Gefühlsmomenten zu verdichten.

Dank

Ich danke der Verlegerin Elisabeth Sandmann, die schon zum zweiten Mal dieses so reizvolle Thema einem Mann anvertraut hat; Antonia Meiners, die die Texte des Buches inspiriert lektoriert hat; Pauline Schimmelpenninck für die grafische Umsetzung sowie der Ausstellungskuratorin Karin Sagner, die mich und den Verlag bei der Auswahl der Bilder so kenntnisreich wie entschieden beraten hat. *München, im Sommer 2010*

Anhang

Zum Weiterlesen

Janet Badia, Jennifer Phegley: *Reading Women. Literary Figures and Cultural Icons from the Victorian Age to the Present.* Toronto 2006.

Andreas Beyer: *Das Porträt in der Malerei.* München 2002.

Max von Boehn: *England im Achtzehnten Jahrhundert.* Berlin 1920.

Stefan Bollmann: *Briefe liebe ich, für Briefe lebe ich. Frauenbriefe aus fünf Jahrhunderten.* München 2008.
Frauen, die lesen, sind gefährlich. München 2005.
Frauen, die schreiben, leben gefährlich. München 2006.
Warum Lesen glücklich macht. München 2007.

Rogier Chartier, Guglielmo Cavallo (Hg.): *Die Welt des Lesens. Von der Schriftrolle zum Bildschirm.* Frankfurt am Main/New York 1999.

Amy Cruse: *The Englishman and His Books in the Early Nineteenth Century.* London 1930.

Anne Fadiman: *Ex Libris. Bekenntnisse einer Bibliomanin.* München 2005.

Kate Flint: *The Woman Reader. 1837–1914.* New York 1993.

Christiaan L. Hart Nibbrig: *Warum lesen? Ein Spielzeug zum Lesen.* Frankfurt am Main 1983.

Christiane Inmann: *Forbidden Fruit. A History of Women and Books in Art.* München/Berlin/London/New York 2009.

Henry James: *The Future of the Novel.* New York 1956.

Raymond Jean: *Die Vorleserin. Roman.* München 1991.

Ursula Kern (Hg.): *Blickwechsel. Frankfurter Frauenzimmer um 1800.* Frankfurt am Main 2007.

Ruth Klüger: *Frauen lesen anders. Essays.* München 1996.

Albert Manguel: *Eine Geschichte des Lesens.* Reinbek bei Hamburg 1999.
Im Spiegelreich. Berlin 1999.

Marcel Proust: *Tage des Lesens.* Frankfurt am Main 1963.

Anna Pytlik: *Die schöne Fremde – Frauen entdecken die Welt.* Ausstellungskatalog. Stuttgart 1991.

Karin Sagner: *Gustave Caillebotte. Neue Perspektiven des Impressionismus.* München 2009.

Sabine Schulze (Hg.): *Innenleben. Die Kunst des Interieurs. Vermeer bis Kabakov.* Ostfildern bei Stuttgart 1998.
Leselust. Niederländische Malerei von Rembrandt bis Vermeer. Frankfurt am Main 1993.

Karl Schütz: *Das Interieur in der Malerei.* München 2009.

Gottfried Sello: *Malerinnen aus vier Jahrhunderten*. Hamburg 1994.
Ian Watt: *Der bürgerliche Roman. Aufstieg einer Gattung*. Frankfurt am Main 1974.
Maryanne Wolf: *Das lesende Gehirn. Wie der Mensch zum Lesen kam – und was es in unseren Köpfen bewirkt*. Heidelberg 2009.
Virginia Woolf: *Der gewöhnliche Leser*. Frankfurt am Main 1989.
Ein eigenes Zimmer. Drei Guineen. Zwei Essays. Frankfurt am Main 2001.

Register

Anguissola, Sofonisba 13, 54ff.
Armstrong, Thomas 101ff.
Auras, Mary 10, 88f.
Austen, Jane 20

Bernhardt, Sarah 104f., 107

Caillebotte, Gustave 74f.
Châtelet, Emilie du 32, 36ff.
Clauren, Heinrich 87
Colette 106f.
Correggio 61
Costa, Lorenzo 52f.
Custine, Astolphe de 41

Dante Alighieri 83f.
de La Tour, Maurice Quentin 36ff.
Diderot, Denis 100
Duplessis, Marie (Kameliendame) 105

Egg, Augustus Leopold 114f.
Elinga, Pieter Janssens 11ff., 15, 17, 66f.
Eybl, Franz 16, 18

Faruffini, Federico 92f.
Flaubert, Gustave 79f.
Fragonard, Jean-Honoré 17, 98ff.

Gelhay, Edouard 27, 44f.
Gérard, Marguerite 17, 98ff.
Goethe, Johann Wolfgang 66, 87

Hals, Dirck 13
Hasenclever, Johann Peter 80, 85ff.
Hauff, Wilhelm 87
Hegel, Georg Wilhelm Friedrich 28
Hepburn, Audrey 106f.
Heyerdahl, Hans Olaf 71ff.
Hopper, Edward 122f.
Hypatia von Alexandria 32, 34f.

Ingres, Jean-Auguste Dominique 82ff.

James, Henry 21, 25, 29
John, Eugenie 96f.
John, Gwen 39ff.

Katharina von Alexandria 34f.

LaRoche, Sophie 109
Lavery, Sir John 10, 88f., 90, 116ff.
Leibl, Wilhelm 57ff.
Lewald, Fanny 111
Longhi, Pietro 42f.

Mahaut von Artois, Gräfin 96
Maria 12, 16, 47, 52f., 84

Maria Magdalena 12, 48f., 60f.
Marinari, Onnorio 34f.
Marlitt, E. siehe John, Eugenie 96f.
McNeill, Dorelia 39
Moreelse, Johannes Paulus 60f.

Nafisi, Azar 97
Nilsson, Christine 104f.

Orpen, Sir William 112f.

Petrarca, Francesco 13
Posselt, Franz Ludwig 110
Proust, Marcel 72, 81

Ruskin, John 114

Sappho 95
Sartre, Jean-Paul 19
Schwarzburg-Sondershausen, Fürstin Mathilde von 96
Scudéry, Madeleine de 96
Spilimbergo, Irene di 55

Steen, Jan 13
Stevens, Alfred 90f.
Stewart, Julius LeBlanc 104f.

Tarchetti, Iginio Ugo 93
ter Borch, Gerard 13
Teresa von Ávila 49
Tissot, Jacques Joseph (James) 118, 119f.
Tizian 55
Toulmouche, Auguste 32

van Gogh, Vincent 57
Velázquez, Diego 50f.
Vermeer, Jan 13
Voltaire 36, 38

Walser, Robert 26
Woolf, Virginia 20, 28, 32
Wright of Derby, Joseph 68f.

Zandomeneghi, Federico 23, 76f.

Bildnachweis

Archiv für Kunst und Geschichte, Berlin: Seite 1, 8, 18, 30, 34, 46, 51, 53, 60, 83, 86
Artothek, Weilheim: 15, 23, 62, 67, 76
The Bridgeman Art Library, Berlin: Umschlagabbildung, 6/7, 10, 27, 37, 40, 42, 45, 54, 59, 68, 73, 74, 78, 88, 91, 94, 98, 103, 104, 108, 113, 114, 116, 121, 123, 124, Umschlagrückseiten Mitte und rechts
Scala, Florenz: 93
Süddeutsche Zeitung Photo, München: 107, Umschlagrückseite links